나를
지키며
일하는
법

나를
지키며
일하는
법

逆境からの
仕事学

강상중
지음

노수경
옮김

사□계절

차례

4장 시대의 흐름 읽기

역사 속
리더에게
배우라

들어가며

불확실한 시대와 인문 지식

일과 인생

일이란 과연 무엇일까요. 생각할수록 어려운 문제입니다. "제게는 가정이 있고 배우자가 있고 돌봐야 할 아이들과 부모님도 있습니다. 살기 위해서는 일정한 수입이 필요합니다. 생활비를 벌기 위해 저는 일합니다"라고 서슴없이 대답하는 사람도 있을 것입니다.

하지만 이렇게 돈을 위해 일한다고 말하는 분도 스스로의 일에서 만족감을 느끼든 못 느끼든 별 상관이 없다고 말하지는 못할 것입니다. 왜냐하면 일이란 단순히 '돈을 벌어 생계를 꾸리기 위한 것'만은 아니기 때문입니다. 일은 개인의 인격 형성이나 정신 활동과 밀접하게 연관되는 매우 섬세한 것입니다. '사는 보람', '개성의 창조' 혹은 '나다움의 표현'이며 그 일을 하는 사람이 사회를 대하는 태도와 깊이 연관되어 있습니다. 또 그 일을 하는 사람의 인생 그 자체이기도 합니다.

이 책은 일에 관해 다시 한 번 생각해보고자 하는 분들을 위한 것입니다. 특히 구직 활동을 하고 있는 젊은이나 어떠한 이유로든 지금 하는 일에 답답함을 느끼는 분, 혹은 일을 할 때 어떤 방식으로 해야 할지 고민하는 분들이 봐주시면 좋겠습니다. 하지만 이 책은 일하는 방법, 즉 '하우투how to'에 관한 책은 아닙니다. 일에 바로 적용할 수 있는 매뉴얼이나 즉효성 있는 약 같은 것 또한 아닙니다. 그럼에도 이 책은 일을 하다 맞닥뜨린 과제를 해결하는 데 도움이 되는 관점이나 힌트, 혹은 일의 질을 높이고 삶의 방식을 풍요롭게 하기 위한 실마리를 줄 수 있으리라 생각합니다.

불확실한 시대

일에 관해 생각할 때는 시대 상황과 그러한 시대를 어떻게 인식할 것인가가 중요합니다. 일의 의미와 가치가 시대 상황에 크게 영향을 받기 때문입니다. 그러므로 여기서는 우선 우리가 일하는 환경을 살펴보겠습니다.

오늘날 우리 사회는 눈이 핑핑 돌아갈 정도로 빠르게 변하고 있습니다. 그로 인해 사회는 불안정해지고 또 불확실해졌습니다. 성장이 지속되던 좋은 시절은 버블경제의 붕괴와 함께 이미 지나가버렸습니다. 기업은 끝없이 밀려오는 호황과 불황의 파도에 대처하지 않으면 안 됩니다. 합병이나 통폐합은 이제 일상다반사가 되었습니다. 계약직이나 파견 노동 같은 비정규 고용이 늘어가기만 합니다. 정규직이라 해도 종신고용이 보장되지 않는 고용의 유연화 또한 진행되고 있습니다.

여러분은 2008년 미국발 리먼쇼크가 세계적인 금융위기로 발전하여 일본 경제 또한 커다란 타격을 입었던 일을 생생하게 기억하실 것입니다. 그 후로 몇 년에 걸쳐 경제가 정체되면서 많은 기업이 도산하거나 폐업하여 수많은 일자리가 사라졌습니다.

또한 경제의 세계화로 인해 다른 나라의 경제 위기가 커다란 파도가 되어 일본을 덮치는 일이 많아졌습니다. 2016년 영국의 국민투표에서 EU 이탈을 찬성하는 표가 과반수를 넘겼습니다. 그 직후 전 세계의 주가가 폭락했지요. 영국의 EU 이탈, 즉 브렉시트Brexit가 일본과 세계 경제에 어떤 영향을 줄지는 아직 뭐라고 말할 수 없습니다. 중국 경제의 장래를 걱정하는 목소리 역시 이전부터 계속되고 있습니다. 아니, 중국 경제보다는 오히려 엄청난 부채를 끌어안고 있는 일본 경제야말로 장기적으로 고용과 복지가 어떻게 될지 그 미래를 예측할 수 없습니다. 이렇게 보면 지금 우리는 안정과는 아주 거리가 먼 세상을 사는 셈입니다.

　지금 취업을 준비하고 있는 학생이라면, 앞으로 내가 어떤 일을 해야 좋을지, 어떤 일이 내게 맞을지 고민하고 있겠지요. 이미 취업하여 기업의 최전선에서 일하고 있는 사람들 역시 매일 하고 있는 자신의 일이 얼마나 만족스러운지는 물론 앞으로 회사에서 내가 발전할 수 있을지, 혹은 회사나 업계가 순조롭게 성장하여 나와 내 가족을 받쳐줄 수 있을지 진지하게 고민하고 있을 것입니다.

한편 자연재해 또한 우리의 미래를 불안하게 하는 요인이라 하겠습니다. 우리는 2011년 3월 11일에 일어난 동일본대지진을 잊을 수 없습니다. 규모 9.0이라는 사상 유례없는 거대 지진이 발생했고, 이어진 쓰나미가 수많은 존엄한 생명을 앗아갔습니다. 그뿐만이 아닙니다. 생존자들은 생활의 기반을 잃었으며, 복구는 여전히 진행 중입니다.

제게 충격적이었던 일을 하나 더 들자면 바로 2016년 4월에 일어난 구마모토 지진입니다. 2016년 1월부터 저는 제 고향 구마모토의 구마모토현립극장 관장 겸 이사장을 맡아 도쿄와 구마모토를 오가는 나날을 보내고 있습니다. 첫 번째 큰 지진이 일어난 4월 14일, 구마모토 시내의 한 호텔 10층에 있던 저는 지진이 나자마자 서둘러 비상계단으로 1층까지 뛰어 내려가야 했습니다. 이튿날 저는 일 때문에 도쿄로 돌아갔지만, 지진은 거기에서 멈추지 않았습니다. 바로 이틀 뒤에 본진本震이 발생했습니다. 그 후로도 구마모토에는 장기간에 걸쳐 군발지진群發地震(비교적 소규모의 지진이 무리지어 일어나는 것-옮긴이)이 계속되었습니다. 이재민들의 피난 생활이 장기화되고 큰 비까지 잇달아 내리는 바람에 복구가 늦어지면서 지역의 경제 활동이 좀처럼 회복되지 못해 몹시 안타까웠습니다.

일본 특유의 자연 환경을 고려한다면 앞으로도 지진과 태풍, 국지적인 호우 같은 수많은 자연재해가 발생하겠지요. 일부는 극심재해激甚災害(대규모의 태풍, 호우, 지진 등에 의한 재해로 정부의 극심재해법에 의거한 도움이 필요한 심각한 재해-옮긴이)로 발전할 수 있다는 점을 우리는 각오해야 합니다.

이렇게 우리는 그 어느 때보다 미래를 내다보기 어려운 불확실성의 시대, 역경의 시대를 살아가고 있음을 염두에 두어야 합니다. '비상시非常時'가 일상화된 사회라고나 할까요. 그러니 이제 일에 관한 기존의 '매뉴얼'을 그대로 적용하기가 어려워졌습니다. 우리는 바로 그런 시대를 살아가고 있습니다.

학력 사회 모델의 붕괴

깊이 있는 시대 인식을 위하여 우리는 긴 시간의 흐름 속에서 현재를 읽어낼 필요가 있습니다. 마치 새가 부감하듯 시대를 바라보지 않으면 현재 우리가 당면한 문제가 잘 보이지 않기 때문입니다.

먼저 과거를 한번 돌아봅시다. 저는 1970년대에 20대를, 1980년대에 30대를 보냈습니다. 그때는 비록 두 자릿수의 경제 성장은 끝났다고 해도 여전히 안정적인 성장이 지속되던 때였습니다. 아직은 모두가 풍요로운 소비 생활을 만끽하던 장밋빛 가득한 시절이었지요. 2장에서도 말씀드리겠지만 저 개인적으로는 '자이니치在日'라는 출신이 문제가 되어 직업을 얻지 못한 채 힘든 시간을 보냈습니다. 하지만 일반적으로 1970~80년대는 일할 사람이 부족한 시대였습니다. 세계적인 시각에서 보아도 일본의 실업률은 낮은 수준이었습니다. 물론 작은 문제들은 있었지만 그래도 전체적으로는 경제가 줄곧 성장하고 있었기에 사람들은 다들 표정이 밝았고 낙천적이었습니다. '내일이 있잖아'라면서요. 오늘은 상황이 안 좋아도 '내일은 더 나아질 거야'라고 모두 생각했습니다.

그런데 요즘은 어떻습니까? '내일이 있잖아'라고 긍정적으로 생각하던 때와는 완전히 다르지 않습니까? 내일은 오늘보다 더 나빠질지도 모른다는 불안이 사람들을 엄습하고 있지 않습니까? 예전에는 내일이 있기에 오늘의 근심을 잊을 수 있었는데, 이제는 미래에 대한 불안으로 오늘을 어쩔 줄 몰라 하다니, 정말 이 세상에 변하지 않는 것이란 없나 봅니다.

이렇게 상황이 180도로 변해버린 이유는 바로 버블 경제의 붕괴 때문입니다. 버블이 꺼진 것은 쇼와 시대(1926~1989)가 끝나고 헤이세이 시대(1989~)로 접어들던 무렵이니 벌써 4분의 1세기가 지났네요. 그로부터 약 25년 동안은 전후의 풍요로운 사회가 막을 내리는 과도기였던 것 같습니다.

이 시기에 나타난 변화 중 하나로 '학력 사회 모델'의 종언을 들 수 있습니다. 학력學歷이란 교육기관에서 학생을 선발할 때 그 학생이 필요한 학습 능력 가지고 있는지를 평가하는 수단으로, 이는 누구든 노력하면 유명 대학의 간판을 딸 수 있다는 일종의 평등주의에 기반하고 있습니다. 가문이나 혈통 같은 배경과는 상관없이 학력이라는 필터만 통과한다면 누구나 사회적으로 다시 태어날 수 있다는 일종의 신화가 예전에는 살아 있었던 것이지요.

이 학력의 연장선상에 놓인 것이 바로 취업입니다. 학력이 있으면 취업에 유리하게 작용했습니다. 내 부모보다 한 단계 위의 생활을 원한다면 유명 기업이나 대기업에 취직해야 한다는 사고방식을 누구나 가지고 있었습니다. 그러니까 일이 과연 내게 어떤 의미인지 굳이 고민할 필요가 없었습니다. 그저 취업을 목표로 삼고 그에 적합한 행동을 한다면, 결국에는 내 생활이 풍요로워질 거라 여기는 사람이 많았습니다. 이렇게 해서 전후 일본에서는 학력이 높은 노동자가 늘어났으며, 노동 인구 또한 농업을 중심으로 하는 1차 산업에서 제조업 중심의 2차 산업과 서비스업 중심의 3차 산업으로 옮겨갔습니다.

그런데 버블경제의 붕괴로 이러한 '학력 사회 모델'이라는 프레임이 무너졌습니다. 취업 활동의 형태 역시 조금씩 변하기 시작했습니다. 입사한 회사가 어느 날 갑자기 합병되거나 흡수되어도 결코 이상할 것이 없는 세상이 되었습니다. 또 자연재해나 전 세계적인 불황에 갑작스레 휘말려 회사 매출이 곤두박질치고 결국에는 도산에 이르는 일도 드물지 않게 되었습니다. 이제는 학력을 쌓아 취업에 성공했다 하더라도 반드시 안정적인 미래를 보장받지는 못하는 상황입니다.

또한 '개인 경력 모델'이 주류가 되었습니다. 이제 기업은 학력이 높은 사람보다는 주체적으로 사고하고 어떤 상황에든 유연하게 대처하며 스스로 자기 활동을 적절히 운영할 수 있는 인재를 원하고 있습니다. 그러니 '비즈니스 퍼슨business person'은 개개인이 일을 수행하는 능력을 갈고 닦아 자신의 가치를 계속 높여가야 합니다.

상황이 이렇게 변했기에 우리는 더더욱 일에 어떤 의미가 있는지 다시 한 번 되돌아보지 않을 수 없습니다. 대기업이나 유명 기업에 취업만 하면 만사형통이라는 알기 쉬운 목표가 사라진 오늘날, '다른 사람 눈에 어떻게 비칠까'가 아니라 '나에게 과연 일이란 무엇일까'를 물어야 할 필요성이 더욱 커졌다 하겠습니다.

일의 의미를 생각하라

그러면 이 변화의 시대를 살아가는 우리는 어떤 자세로 일과 마주하면 좋을까요? 저는 이 책에서 세 가지를 말하고자 합니다. 물론 이 세 가지가 이 험난한 시대를 살아내기 위한 처방전은 아닙니다. 그보다는 일을 할 때 특히 중요한 자세이자 이 책 전체를 꿰뚫는 요점입니다. 그 세 가지란 바로 '일의 의미를 생각해볼 것', '다양한 시점을 가질 것', '인문학을 배울 것'인데, 이들은 서로 밀접하게 관련되어 있습니다.

먼저 나에게 일이란 과연 어떤 의미인지 진지하게 생각해보아야 합니다. 앞에서도 언급한 것처럼 예전에는 일의 의미를 묻지 않아도 나름대로 괜찮은 급여를 받을 수 있었고, 정년도 보장되니 만족할 수 있었습니다. 하지만 시대가 변했습니다. 높은 급여와 안정만을 바랄 것이 아니라 나 자신이 그 일을 통해 무엇을 얻고자 하는지, 내가 그 일과 어떤 관계를 맺고 있는지 분명하게 인식해야 하는 시대가 온 것입니다.

저는 일이란 '나다움'이나 인생 그 자체와 깊은 관계를 맺고 있다고 생각합니다. 우리는 인생에서 결코 적지 않은 시간을 일에 쏟고 있으며 직장 동료들은 개인의 인격이나 사고방식에 커다란 영향을 주기 때문입니다. 나아가 일에서 얻는 기쁨과 행복은 삶의 보람이기도 할 터입니다. 또 일을 통한 자신의 성장 역시 기대할 수 있겠지요.

오늘날처럼 불확실한 시대일수록 일을 그저 생계 수단으로서가 아니라 '내 삶의 방식을 만드는 어떤 것'으로 받아들일 기회가 늘어날 것입니다. 일에 임할 때 내가 왜 이 일을 하는지, 이 일을 통해 나는 어떻게 변화하고 싶은지, 또 사회를 위해 나는 무엇을 할 수 있는지 매일매일 원점으로 돌아가 진지하게 질문하는 자세가 필요하다고 생각합니다.

다양한 관점을 가져라

어떤 직종에 취업하여 무슨 일을 하든 이 불확실한 시대를 살아가기 위해서는 여러 각도에서 다양한 방식으로 상황을 볼 수 있는 '복안複眼의 시점'을 갖는 것이 매우 중요합니다. 이것이 저의 두 번째 제언입니다. 이에 관해서는 히치콕 감독의 좀 오래된 영화 〈새〉를 예로 들어 설명해보겠습니다.

〈새〉는 단순한 오컬트나 스플래터 무비Splatter Moive(공포영화의 하위 장르로 피와 살점이 난무하는 영화-옮긴이)가 아니라 인간의 생리적인 공포를 그려낸 상당히 훌륭한 작품입니다. 시골 항구 마을을 무대로 하는 이 영화는 어떠한 조짐도 없이 어느 날 갑자기 흉포해진 까마귀, 참새, 갈매기 등 새떼의 습격을 받는 주민들의 모습으로 시작합니다. 새들

이 흉포해진 까닭은 밝혀지지 않은 채 그저 새들의 인정
사정없는 파상 공격만이 계속되어 관객을 몹시 불편하게
합니다. 이 영화의 어떤 점이 훌륭한가 하면 바로 종횡으
로 교차하는 새의 시선입니다.

　제가 처음 이 영화를 보았을 때, 마치 그동안 눈을 가리
고 있던 비늘이 떨어져 나간 것처럼 갑자기 눈이 번쩍 뜨
였습니다. 분명 관객의 한 사람으로 스크린을 보고 있었
는데 문득 정신을 차리고 보면 어느새 새의 시선으로 주
인공들을 바라보고 있었기 때문입니다. 장면이 바뀌면 또
다른 새의 관점에서 주인공들을 바라다보고 있었습니다.
어떤 때는 저 멀리 높은 곳에서 패닉 상태가 된 마을을 내
려다보았으며, 어떤 순간에는 전화 부스에 갇힌 주인공의
몸에 부딪혔습니다. 또 어떤 순간에는 새까맣게 지면을
덮듯이 땅 위에 내려앉아 떨리는 발걸음으로 지나가는 인
간들을 냉담하게 올려다보고 있었습니다.

　이런 장면을 보고 있노라면 마치 새가 저 또한 내려다
보고 있는 듯하여 오싹한 기분이 들었습니다. 바로 그때
저는 사물을 보는 눈은 결코 하나가 아니며 얼마든지 다
양한 관점이 존재할 수 있음을, 또 여러 각도와 고도, 거리

에 따라 보는 방식이 달라질 수 있음을 깨달았습니다.

다양한 관점을 갖는 것은 사물의 본질을 파악하고자 할 때 혹은 더 이상 일을 진행할 수 없을 정도로 막다른 벽에 부딪혔을 때, 그 상황을 타개하는 데 중요한 역할을 합니다. 예를 들어보겠습니다. 최근 종교나 철학, 사상처럼 예전에는 눈길을 받지 못했던 어려운 책에 관심을 보이는 분들이 많아졌습니다. 얼마 전까지만 해도 서점의 경제·금융 서적 코너에는 주식투자나 재테크에 관한 책뿐이었는데 지금은 마르크스나 케인스 같은 고전을 비롯해 피터 드러커나 요즘 화제가 되고 있는 토마 피케티의 두꺼운 책에 이르기까지 일반인에게는 어려울 것 같은 책이 아무렇지도 않게 진열대에 쌓여 있습니다.

아마도 지금의 일본 경제가 너무나 복잡기괴하여 이해하기 힘들고, 또 세상이 급격히 변화했기에 많은 이들이 가능한 한 예전과는 다른 입장에서 문제를 바라보려 하기 때문인 듯합니다. 어쩌면 다소 이해하기 어렵더라도 사회 현상의 보다 근본적인 이유를 제대로 알고 싶어졌을지도 모르겠네요.

다양한 관점에서 사물을 본다는 것은 편견 없이 대상

을 본다는 뜻이며, 이는 곧 객관적인 태도를 취한다는 뜻입니다. 당연하게도 우리의 눈은 두 개뿐입니다. 이 두 개의 눈은 주관적인 눈입니다. 객관적으로 본다는 것은 세 번째 눈, 네 번째 눈을 갖는다는 뜻입니다. 쉽지 않지만 세 번째, 네 번째 눈을 가지려 노력하는 일 자체에 의미가 있다고 생각합니다.

인문학에서 배우라

세 번째 제언은 바로 인문학에서 배우라는 것입니다. 불경기가 지속되고 고용의 유연화가 진행되는 이 불확실한 시대에 우리는 미래를 예측할 수 없어 눈앞의 숫자에만 급급하기 쉽습니다. 하지만 지금 내 눈 앞의 숫자가 과연 어떤 의미인지, 좋은 방향으로 전환될 수 있을지를 생각해보는 거시적인 시야가 없다면 우리는 필요 이상으로 비관적이 되거나 단편적인 행동을 취하기 마련입니다.

이런 역경의 시대이기 때문에 더욱 우리는 고전이나 역사 같은 인문학에서 배워야 합니다. 인류가 지나온 기나긴 역사의 발자취, 그중에서도 오늘날까지 전해진 고전을 읽어보면 분명히 현대에도 활용할 수 있는 수많은 예지와 교훈이 가득 담겨 있음을 깨닫게 될 것입니다. 인문학은 매우 긴 시간을 다루기 때문입니다. 물건과 사람, 돈이 매일같이 움직이는 유동적인 비즈니스 세계와 긴 시간에 걸쳐 만들어진 인문학의 세계는 언뜻 보기에는 상반되어 보일 수도 있습니다. 하지만 시대와 상황은 변해도 인간이 생각하고 느끼고 행동하는 유형이나 패턴은 그리 크게 변하지 않습니다.

고전 작품 속에는 지금 일본이 처한 상황이 특수하지 않으며 과거에도 이와 비슷한 불안정한 시기가 있었다는 사실, 그리고 그 시기를 어떻게 뛰어넘었는지 혹은 상황이 더욱 악화되었다면 그 원인은 무엇이었는지 알 수 있는 유용한 힌트가 많이 들어 있습니다. 단기적으로는 괜찮아 보이던 것도 장기적인 관점에서는 틀린 것이 되기도 합니다. 반대로 언뜻 보기엔 아닌 것 같아도 결국 역사 속에서는 옳았음이 밝혀지기도 합니다.

고전과 역사를 보면 궁극적으로 '이 사회는 어디에서 와서 어디로 가는가'를 알게 됩니다. 시대와 장르는 달라도 동서고금의 인문학은 바로 이 주제에 전력을 다해왔기 때문입니다. 동서고금에서 학자라 불리던 이들은 모두 바로 이 문제를 해명하기 위해 학문에 매진했습니다. 그러니 불확실한 현재의 상황, 그에 따른 불안으로 고민하는 우리의 물음과 겹치는 부분이 많은 것이지요.

또한 인문학은 무엇보다 '삶의 의미'와 관련이 있습니다. 자연과학은 법칙에 의해 현상을 해석할 수 있다는 사고방식에 기반을 두고 있으므로 분명한 답이 있는 분야에 유효합니다. 이에 비해 인문학은 인간의 삶과 일에 의미를 부여하며, 판단력과 구상하는 힘構想力 같은 창조성과 관련된 힘을 키우는 데 도움이 됩니다. 현실이 마음대로 되지 않는 때일수록 비즈니스 퍼슨은 더욱더 인문학을 통해 스스로 이 곤경을 마주하고 극복할 수 있는 지혜를 얻었으면 합니다.

이미 눈치 채셨겠지만 인문학에서 배운다는 것은 앞서 첫째로 꼽은 나에게 일이란 어떤 의미인지 생각해보는 것, 둘째로 꼽은 다양한 시점을 갖는 것과도 깊이 연관되어 있으며, 이 두 가지의 기반을 꿰뚫는 근본적인 가르침입니다. 이는 '하우투 북'과 달리 즉효성이 없어 보일 수도 있습니다. 하지만 지금 이 시대는 잔재주를 부려 상황을 호전시킬 수 있는 때가 아닙니다.

　얼핏 보기에는 길을 돌아가는 것 같지만 인문학을 통해 탄탄한 지식과 지혜를 얻는다면, 현재 처한 상황을 냉정하게 바라보고 적확하게 분석하여 앞으로의 행동에 반영할 수 있을 것입니다. 또 현재 하고 있는 일에 새로운 동기를 부여할 수도 있을 것입니다. 더 쉬운 말로 표현하면, 현 상황을 비관하지 않고 객관적으로 파악할 수 있게 되기 때문에 어제의 나보다는 조금 더 나의 의지에 기초해 행동할 수 있을 것입니다. 바로 이것이 인문학의 가장 큰 효용이라 생각합니다.

　다음 장부터는 일에 관한 제 나름의 의견을 풀어보겠습니다. 1장과 2장은 말하자면 기초편으로 저의 개인적인 경험을 통해 일이란 무엇이며, 어떻게 하면 '나'를 잃지 않고 일할 수 있을지를 고찰하겠습니다. 동시에 계속되는 역경 속에 있던 제가 과연 어떻게 일을 찾을 수 있었는지도 소개하려 합니다. 3장과 4장은 실전편으로 역경의 시대에 고전과 역사 등 인문학을 어떻게 일에 활용할지 구체적인 예를 들어 설명하고자 합니다. 마지막 장에서는 앞으로의 일하는 방식에 관해 고찰하도록 하겠습니다.

이 책을 통해 '오늘의 나'가 '어제의 나'보다 조금이라도 성장했다고 느끼며 살아갈 수 있기를 바랍니다.

나를
   잃지 않기
  위하여

'사회 의사'로서의 정치학

'일하지 않는 자는 먹지도 말라'라는 말을 들어보셨을 것입니다. 이 말이 제게는 단순히 나태함을 경계하라는 것이 아니라 일이란 삶만큼이나 중요하다는 뜻으로 들립니다. 한편 '침식을 잊고 일에 몰두한다(폐침망찬廢寢忘餐-옮긴이)'는 말도 있습니다. 그런데 '침식을 잊고 놀이에 몰두한다'라고는 하지 않으니 사람이 마음속 깊이 몰두하는 것은 역시 일이 아닌가 합니다.

실제로 '일'은 인생의 커다란 부분을 차지하는 중요한 것입니다. 그런데 정작 왜 사람이 일을 하는지, 왜 일을 해야 하는지 정식으로 질문을 받는다면 무어라 답하면 좋을지 몰라 곤란해지는 것도 사실입니다. 어떤 이는 '돈을 위해서'라고 단언하기도 합니다. 물론 그렇습니다. 사람이 살기 위해서는 돈이 필요하니 생계를 위해 일하는 것은 틀림없는 사실입니다. 하지만 돈을 벌기 위해서라고 대답하는 사람일지라도 실은 '아니, 잠깐만. 정말로 그럴까?' 하고 생각하게 되지 않습니까? 네, 그렇습니다. '사람은 왜 일하는가?'라는 질문에 대한 답은 간단해 보이나 실은 간단하지 않고, 누구나 아는 듯하나 실은 잘 모르고 있습니다.

이 역경의 시대를 살아가는 우리는 일의 의미를 생각해야만 합니다. 1장에서는 '사람은 왜 일을 하며, 또 일이란 무엇인가'라는 궁극적인 질문을 고찰해보고자 합니다. 본론으로 들어가기 전에 먼저 저를 소개하겠습니다.

저는 정치학 연구자입니다. 조금 더 자세하게 제 전공에 대해 말씀드리자면 원래의 출발점은 정치학 중에서도 동서고금의 정치사상을 비교 연구하는 '정치사상사'였습니다. 정치학이란 정치에 관해 사고하는 학문이기 때문에 저는 정치가들처럼 정치 그 자체를 행하지는 않습니다. 사실 20년 전만 해도 정치학은 학문으로서 그다지 인기가 없었습니다. 이와 대조적으로 경제학은 '사회과학의 여왕'이라 불릴 정도로 인기가 있었습니다. 당시에는 일본 경제가 '일류'였기 때문입니다. 그에 비해 일본의 정치는 삼류라고 일컬어졌습니다. 세계적인 시각에서 보아도 일본 정치는 그다지 좋은 평가를 받지 못했습니다. 그렇다 보니 학문으로서 정치학을 공부하려는 사람이 많지 않았습니다.

'정치'와 '경제'를 한데 묶어서 보는 일도 종종 있습니다만, 실제 학문적으로 보면 둘은 전혀 다른 분야입니다. 경제학은 과학적으로 수량화하여 분석할 수 있으나 정치학은 그리 간단하지 않습니다. 어떻게 보면 정치학은 아날로그적인 학문이므로 경제학과 달리 객관적인 데이터에 기초한 예지나 예측이 불가능합니다. 그래서 때로는 '무용無用의 학문'이라는 불명예스러운 이름으로 불리기도 했습니다.

지금은 이렇게 말할 수 있지만 실은 저 또한 젊은 시절에는 '정치란 눈앞에서 살아 움직이는 생생한 현실과 칼싸움을 하듯 접전을 벌이는 것'이라 생각했습니다. 그래서 과거의 정치사상을 연구하는 것이 마치 생명의 반짝임이 없는 '고고학'처럼 여겨져 답답하기도 했습니다. 하지만 일본 경제가 그 위상을 잃고 현재의 모습에 모두가 의문을 품게 되자 경제학의 인기는 떨어지고, 상대적으로 정치학의 인기가 높아졌습니다. 최근에는 전에 없을 정도로 주목을 받고 있습니다. 아마도 일본 경제가 깊은 미궁으로 떨어져버렸기에 정치학을 통해 작은 실마리라도 찾으려는 생각이겠지요.

정치학의 핵심은 '사회 의사' 역할에 있지 않나 합니다.

다시 말해 우리 사회가 병이 들었을 때 무슨 이유로 어디가 나빠졌는지를 진단하는 것이지요. 고용 상황이 왜 이렇게 악화되었는지, 월급과 보너스가 왜 줄어들었는지, 정권에 대한 지지율은 왜 낮아졌는지, 또 다양한 사회보장제도가 왜 파탄 직전에 있는지 등에 대해 옛날부터 지금까지의 다양한 사례를 바탕으로 그 원인을 찾아내는 일입니다.

정치학자는 실제 의사처럼 환자가 스스로 찾아와 컨디션이 나빠졌다고 말해야 진찰을 시작하는 것은 아닙니다. 때로는 스스로 최상의 컨디션이라 자부하는 이에게 "당신은 이미 병에 걸렸습니다. 조심하십시오"라고 말하기도 합니다. 사람의 몸과 마찬가지로 사회 또한 '만성중독'에 걸리는 일이 있기 때문입니다. 급성질환에 비하여 만성중독은 쉽게 걸리지는 않지만, 또 그렇기 때문에 상태가 심각해진 후에야 알게 되어 엄청난 대가를 치르는 일이 적지 않습니다. 버블경제의 붕괴나 리먼쇼크가 바로 이런 예에 해당합니다. 사태가 파국에 이르기 전에 그 조짐을 찾아내 어떤 형태로든 경고를 하는 것 또한 정치학자의 일이라 하겠습니다.

이렇게 말은 쉽게 하지만 저 또한 사회의 내부 구성원이므로 사회를 진단하기가 솔직히 쉽지만은 않습니다. 하지만 축적해온 경험치와 감으로 분석을 해나갑니다. 말하자면 정치학자란 '사회의 감정사' 같은 역할이므로 이를 위해서라도 앞에서 언급한 것처럼 다양한 시점을 필요로 합니다.

　이 일의 특징을 하나 더 들자면 바로 '연구실에서의 학문'과 '사회 활동'이라는 두 가지 일을 번갈아가며 해야 한다는 것입니다. 그럭저럭 하고 있긴 하지만 학자의 자리에 몸을 두고 있기에 저는 문헌을 살피고 논문을 쓰는 이른바 '상아의 탑' 같은 학문에 전념해야 합니다. 다음 세대의 인재를 육성하는 의무도 있습니다. 하지만 조금 전에 언급한 것처럼 '사회 의사'이기도 하기에 적극적으로 제가 생각하는 바, 알아낸 바를 외부를 향해 발신해야 합니다. 그래서 꼭 매스미디어를 통해서가 아니더라도 기회가 닿는 대로 가능한 한 제 생각을 이야기하려 하고 있습니다. 외부를 향한 활동 없이 연구를 위해 갇혀 지내기만 해서는 정치학을 하는 사람으로서 부족할 뿐 아니라 감히 '살아 있는 학문'을 한다고 할 수도 없을 것입니다.

연구 결과나 인문학의 성과를 눈앞에 있는 현실과 사회에 적용하는 일, 즉 '튜닝'해나가는 일이야말로 저의 역할이며 이렇게 국면이 다른 두 장場을 왕래하는 일이 반드시 시너지를 가져올 것이라 믿고 있습니다.

사회로 들어가는 입장권

그러면 이제 1장의 주제라 할 수 있는 '일이란 무엇인가?'라는 질문을 살펴보기로 하겠습니다. 이 질문에 대한 답의 하나로 먼저 '일이란 사회로 들어가는 입장권'이라고 정의 내리고 싶습니다. '당신을 이 사회의 일원으로 인정합니다'라는 증서, 혹은 '여기를 출입해도 좋아요'라는 프리패스와도 같은 것이라 할까요.

일을 이렇게 정의하는 데는 저의 어린 시절 경험이 한몫을 했습니다. 저는 어렸을 때부터 '일하는 것'은 '한 사람 몫의 사회인이 된 증거'라 여겨 일하는 것에 대해 몹시 강한 동경을 품고 있었습니다. 이는 제 출신 배경과도 관계가 있습니다. '자이니치'인 저는 부모님이나 자이니치 커뮤니티의 보호 속에서 살아가고 싶지 않았습니다. 일반인으로서 사회를 살아가고 싶었습니다.

그렇게 되기 위해서는 내 힘으로 일을 하고 수입을 얻어 내 발로 굳건히 설 수 있어야 한다고 생각했습니다. 한 사람의 개인으로서 이 세상에 존재하기 위해서는 가족과 커뮤니티에서 받는 인정만으로는 부족하고 세간 일반에 게도 인정받아야 하며, 그러기 위해서는 일이라는 행위를 통하지 않으면 안 된다고 말이지요. 어린 저는 자이니치라는 출신 때문에 세상에 '나의 자리를 얻기 위해서는 일을 해야 한다'라고 생각했습니다. 하지만 의외로 이것이 저의 출신과 상관없이 '사람은 왜 일해야 하는가'라는 물음에 대한 올바른 대답이었음을 나중에 깨달았습니다.

앞서 언급한 것처럼, 제가 구마모토에서 중고등학교를 다니던 1960년대는 학력 사회라는 신화가 여전히 강하게 작동하던 시절이었습니다. 누구든 학업에 매진하여 학력을 높이면 좋은 학벌과 사회적인 지위를 얻을 수 있을 거라고 막연히 믿던 시대였습니다.

하지만 당시 저는 출세나 성공 같은 것을 그다지 바라지 않았습니다. 부자가 되고 싶다는 바람도 없었습니다. 모두 저처럼 생각하지는 않겠지만 그렇다고 사람이 일을 하는 것이 그저 '돈이 필요해서', '먹고 살려고'라는 단순한 이유에서는 아닐 터입니다. 그럼에도 제가 일을 하고 싶었던 것은 역시나 이 사회에서 '내가 있을 자리'를 원했기 때문입니다. 그러니까 일이란 자신이 사회의 일원으로 이 세상에 존재하기 위한 입장권입니다. 이는 사람이 살아가기 위해서는 꼭 구해야 하며, 없어서는 안 되는 것입니다. 최소한 이 입장권만은 꼭 있어야 하지 않을까 싶습니다.

일과 사회적 사명

일본어로 '시고토仕事(일이나 직업-옮긴이)'라고 하면 중립적이랄까요, 색깔이 없는 듯 느껴집니다. 이 '시고토'라는 말은 영어의 'job'과 비슷한 뉘앙스입니다. 하지만 '일/직업'을 뜻하는 외국어 가운데는 일본어 '시고토'와 뉘앙스가 제법 다른 말들도 있습니다.

예를 들어 영어에는 'calling'이 있습니다. '신의 부르심'이라는 종교적인 의미를 가진 말입니다. 오래전부터 서양에서 '일을 한다'는 것은 단순히 돈을 모으기 위한 것도, 또한 자기가 원하는 대로 할 수 있는 것도 아니었음을 알 수 있습니다. 독일어에는 'Beruf'라는 말이 있습니다. 일반적으로 '천직'이라고 번역하는데, 이는 '신으로부터 부여받은 것을 행함'이라는 뜻으로 이 말 또한 일이 그저 돈을 벌기 위한 것만은 아님을 분명히 보여줍니다.

일본에서 일을 한다는 것은 보통 노동을 뜻하며, 많은 경우 어떤 종류의 직장에서 일하는 사람이 된다는 뜻입니다. 그러니까 모두 열심히 구직 활동을 하는 것이지요. 하지만 영어나 독일어의 예처럼 본래 일이라는 말에는 생계를 위해서가 아니라 어떻게든 그 일을 해야 하는, 그 일을 수행하여 어떤 미션을 성취한다는 의미가 있습니다. 따라서 일에는 어느 정도의 윤리 의식이 따르기 마련입니다. 어린 시절 일하기를 동경하던 저의 심리는 사회로 불려나가 사회로부터 사명을 부여받은 존재가 되고 싶다는 바람과 다르지 않았을 터입니다.

'천직'이나 '사회적 사명'이라 하면 매우 거창해 보이지만 실제로 일의 의의는 돈을 버는 것만이 아니라 사회와 관계를 맺는 데 있다고 생각하는 분들이 많습니다. 어떤 일이든 좋습니다. 가끔 저는 공항에서 구두를 닦습니다. 10여 분에 걸쳐 솜씨 좋게 구두를 닦아주는 모습을 보고 있노라면 정말이지 그 화려한 손놀림에 그만 넋을 잃고 맙니다. 연령대로 가늠해보건대 구두를 닦아주시는 분들은 회사를 은퇴하고 그 일을 하시는 듯 보입니다. 그분들 나름의 내적 동기를 가지고 일에 임하고 있다는 느낌도 전해집니다. 단순히 돈을 벌기 위해서 혹은 생계를 위해서 하는 일은 아니구나 싶은 것이지요.

요즘에는 무상無償으로 일을 하는 자원봉사를 직업으로 선택할 수도 있습니다. 하지만 일은 '사회로 들어가는 입장권'이라는 관점에서 본다면 내가 일하기를 원하는데도 취업을 못하는 현재의 상황에는 커다란 문제가 있다 하겠습니다. 리먼쇼크 이후의 경기 침체로 2009년 일본의 완전 실업률(일할 의사가 있음에도 취업하지 못하는 경제활동인구 가운데 주중 1시간도 유급 노동을 하지 못한 완전 실업자를 노동력인구로 나눈 백분율-옮긴이)은 사상 최악의 수준인 5.7퍼센트를 기록했습니다. 그때부터 차츰 경기가 회복되면서 완전 실업률 또한 조금씩 낮아져 전체적으로는 3퍼센트대까지 이동했습니다. 하지만 연령별로 보면 15~24세가 5퍼센트대로 가장 높고, 그다음이 25~34세로 4퍼센트대입니다. 한편 통계에 잡히지는 않으나, 일을 하고 싶으면서도 구직 활동은 하지 않는 이른바 '숨은 실업자'라 불리는 이들도 상당수 존재한다고 합니다. 또 젊은층(15~39세) 가운데 취직도 못하고 학교를 다니거나 가사일도 하지 않는 이른바 니트NEET(Not in Education, Employment or Training)족을 포함한 '무업자無業者' 수가 2퍼센트 넘게 존재한다는 통계도 있습니다.

이러한 사태는 중대한 문제라 아니할 수 없습니다. 직업이 없다는 것은 사회의 일원임을 인정하는 증명서가 없다는 뜻이기 때문입니다. 이는 정체성의 위기로 이어질 수도 있습니다. 실제로 정신분석 전문가의 말에 따르면 지속적으로 취직 시험에 떨어지거나 정리해고로 직업을 잃은 사람은 무기력증에 빠지기 쉽다고 합니다. '내가 있을 자리를 찾아 사회적 사명을 획득하는 것이 바로 일'이라는 관점에서 볼 때, 정리해고가 무기력증을 낳는다는 것은 쉽게 이해할 수 있습니다.

사회의 어딘가에 의자가 하나 있어 다른 이들로부터 그 의자에 앉으라는 요구를 받는다면, 그 요구가 반드시 어떤 기업에 취직하는 것을 뜻하지 않더라도 넓은 의미에서 사회를 위해 일하고, 사회에서 어떤 역할을 담당한다는 실감을 가질 수 있습니다. 이러한 감각이 바로 개인을 한 사람 몫을 하는 사회인으로 만듭니다. 반대로 이러한 자리를 얻지 못했다면 '너는 이 사회에 없어도 될 존재'라는 말을 듣는 것과 마찬가지입니다. 아마도 그 사람은 정신적으로 견디기 힘들겠지요.

예전에 도쿄의 아키하바라에서 파견직 노동자 청년이 무차별살인사건을 저지른 적이 있습니다. 제 생각이지만 그는 '내가 이 사회에 살아 있어도 된다'는 확신이 없었기 때문에 그런 사건을 일으키지 않았나 합니다. 그러니까 그 사건은 자아와 사회를 동시에 폭파하는 '자폭 테러'가 아니었을까 추측해봅니다. 제 눈에는 단순히 일자리를 얻지 못한 청년이 사회를 향해 불만을 표출한 해코지로 보이지만은 않습니다.

그러니 오늘날 일본 사회의 실업이나 취업 재수생 문제를 그저 경제 활동이라는 측면에서만 접근해서는 안 된다고 생각합니다. 인간의 본질적인 정신성이라는 측면에서도 고려해야 합니다. 실업으로 인해 무기력증에 빠지고, 나와 사회의 관계를 허무하게 느끼는 사람이 늘어난다면 그들의 정신적인 황폐함은 분명 세상에도 여러모로 영향을 끼칠 것이기 때문입니다.

'나다움'의 표현

이처럼 일의 본질은 사회에서 내 자리를 얻고 내 역할을 확보하는 것입니다. 물론 그것만은 아닙니다. 어떤 직업이든 일자리를 얻어 내가 사회의 일원임을 인식할 수만 있으면 되는 것이냐 하면, 꼭 그렇지만도 않다는 것을 여러분도 잘 아시리라 생각합니다. 사람은 사회에서 자기 자리와 역할 이외에도 일을 통해 구하고자 하는 것이 있기 때문입니다. 그것은 바로 '나다움'의 표현이 아닐까 합니다. 그러니까 사람은 먼저 사회에 내가 앉을 자리를 만들고자 합니다. 자리가 완성되면 이제는 거기에 있는 모두와 동일하지 않은 나, 자기만의 개성과 장점을 내세우기 시작합니다. 사회로 들어가는 '입장권'이자 '나다움'을 표현하는 것, 이 둘은 마치 세트처럼 사람이 일을 구하는 이유가 됩니다. 이것이 '인간에게 일이란 무엇인가'라는 물음에 관한 두 번째 대답입니다.

일이라는 사회 참여 행위는 반드시 '타자의 승인' 혹은 '타자의 주목'이라는 요소를 동반합니다. 사람은 일을 통해 그렇게 되기를 강하게 원합니다. 저는 예전부터 이를 '타자의 어텐션attention'이란 말로 설명해왔는데요, 이는 '사람은 왜 일하는가'를 생각할 때 중요한 키워드입니다.

앞에서 'calling'이라는 말을 예로 들었습니다. 사람이 사회로 들어가는 입장권을 얻거나 어떤 종류의 '나다움'을 표현하려 할 때 내가 원한다고 해서 전부 내 마음대로 되는 것은 아닙니다. 거기에는 반드시 타자의 개입이 있으며 "그 일은 당신 없이는 안 됩니다"라거나 "그 일은 당신에게 어울리는군요"와 같은 타자의 승인이 필요합니다. 승인을 얻지 못하고 타자에게 무시당하거나 인정받지 못하면, 사람은 존엄에 상처를 입고 무기력해집니다.

바로 이 부분이 어려운 지점입니다. 우리는 일을 통해 사회로 들어가는 입장권을 얻습니다. 단지 입장권을 얻는 것으로 모든 문제가 해결된다면 우리가 무슨 일을 하는지는 상관없을 것입니다. 하지만 우리는 일을 통해서 '나다움'도 표현하고자 하기 때문에 어려워지는 것이지요. 이는 많은 사람이 일을 구할 때 망설이게 되는 이유이기도 합니다. 너무 신중해지는 바람에 도리어 일을 얻을 기회를 놓치거나 결과적으로 '나다움'을 발휘하기 어려워지는 측면도 있는 것 같습니다.

오늘날의 구직 환경은 그저 '일할 곳이 부족하다'라는 문제만 있는 게 아닙니다. '미스매치'라 할 만한 요소가 많이 포함되어 있기에 문제는 더욱 심각합니다. 그러니까 일자리를 제안받더라도 그 일이 내가 원하던 것이 아니라면 피할 수도 있는 것이지요. 물론 일이란 개인의 자기정체성과 연관된 중요한 것이므로 쉽게 타협할 필요는 없습니다. 하지만 그런 것에 너무 얽매인다면 사회로 들어가는 입장권조차 얻을 수 없게 될 것입니다.

두 가지의 '나다움'

그래서 저는 '나다움'에 두 가지가 있다는 것을 강조하려 합니다. 하나는 스스로가 알고 있는 '나다움'입니다. 사람들이 '나다움'이라는 말을 할 때는 대부분 이것을 가리킵니다. 하지만 내가 아는 '나다움' 이외에도 다른 사람이 보았을 때의 '그다움'도 있습니다. 내가 생각하는 '나다움'은 종종 자기 자신만 그렇게 생각하는 경우도 많지만, 다른 사람이 본 '그다움'은 객관적이며 정곡을 찌를 때가 많습니다.

요즘 젊은이들은 교육 수준도 높고 이상 또한 높아서 일을 해보기 전부터 '이런 일은 내게 어울리지 않아'라고 규정하고 시도조차 해보지 않는 경우도 적지 않은 것 같습니다. 물론 정규 고용이 줄어들고 비정규 고용이 늘어나는 현재 상황에서 정말로 이렇게 생각하는 젊은이가 있다면 사치스러운 것 아니냐는 말이 나올지도 모르겠네요. 일이란 실제로 해보지 않으면 알 수 없는 부분이 많습니다. 일단 해보고 나서야 비로소 재미를 느끼기도 하고 예상하지 못한 보람을 느끼기도 합니다. 일을 시작한 후에야 그 일이 천직임을 깨닫는 경우도 실은 얼마든지 있습니다.

저 또한 그랬습니다. 저는 처음부터 정치학자를 목표로 하지는 않았습니다. 대학원에 진학한 이유도 오로지 학문만을 위해서는 아니었습니다. 대학원에 진학하는 것 외에는 다른 선택지가 없었기 때문입니다. 그런 제가 어떻게 지금의 일을 하게 되었는지는 2장에서 다시 구체적으로 말씀드리겠지만 "이것이야말로 내가 하고 싶은 일이야"라며 마음먹고 학문에 매진한 것은 결코 아니었습니다. 솔직히 말하자면 당시의 저는 '어떻게든 되겠지'라고 생각한 부분도 컸습니다. 결과적으로 처음부터 저 자신의 한계를 명확하게 하지 않았던 점은 지금 생각하면 잘한 일인 것 같습니다. 이 일을 하면서 점차 제가 예상하지 못했던 길이 열리는 것을 볼 수 있었습니다.

그러니 만약 '나다움'이 무엇인지 모르는 상태에서 바로 눈앞에 기회가 주어졌다면 '일단 한번' 해보는 것은 어떨까요? 시작할 때는 앞으로 어떻게 될지 알 수 없지만 그로 인해 사회적 승인을 얻고, 그 결과 나의 가능성이 넓어져 그 속에서 '나다움'을 발견할 수 있을지도 모르니까요. 이런 방식으로 개성을 발휘해도 좋을 것 같습니다.

지금 당장 '나다움'을 고집하느라 일 자체를 거부하거나 정규 고용으로 취업할 기회가 있는데도 굳이 비정규 고용을 선택하는 사람도 분명히 있을 것입니다. 이런 경우에도 다시 생각해볼 여지가 있다고 봅니다. 대단한 무언가를 고집하고 있다면 모르겠지만 단순히 '그 일은 나한테 안 맞을 것 같아'라는 생각이거나 편식하듯이 해보지도 않고 어떤 일을 하지 않기로 결정해버렸다면 다시 한 번 생각해보기 바랍니다. 특히 젊은 시절에는 기회가 된다면 뭐든지 해보는 편이 좋다고 생각합니다.

'그냥 한번 해보자'라는 가벼운 마음으로 시작한 일이라도 일단 공식적인 무대에 입장하면 당연하게도 다양한 제3자와의 만남과 접촉이 있습니다. 그리고 다양한 주목을 받을 수 있습니다. 이를 통해 예전에는 몰랐던 세상이 눈앞에 펼쳐지는 일도 적지 않을 것입니다.

하나를 위해 전부를 바치지 말라

일이란 사회로 들어가는 '입장권'이자 '나다움'의 표현입니다. 저는 '나다움'에 지나치게 얽매일 필요 없이 일단 한번 내딛어보는 한걸음이 중요하다고 강조했습니다. 하지만 이렇게 스스로 격려해보아도 여전히 일을 하는 데는 불가피하게 불안이 뒤따릅니다. 이는 우리가 불확실한 시대를 살아가고 있기에, 거기서 오는 불안이 조금도 해소되지 않기에 생기는 것입니다. 실제 사회에 나와 일을 시작해보니 연달아 끊임없이 덮쳐오는 일에 그저 쫓기기만 할 뿐 '나다움'을 발휘할 여유 따위는 없다며 고민하는 사람도 있을 것입니다. 천직이라 믿었던 일도 막상 해보니 아무래도 처음에 생각했던 것과 달라 고민하는 사람도 있겠지요.

사회의 다양한 억압이 나를 짓누르는 가운데 그럼에도 그 힘을 버텨내면서 '나다운' 일을 하고 '나다운' 인생을 살기 위해서는 어떻게 하면 좋을까요? 먼저 그 마음가짐이 어떠해야 할지 살펴보겠습니다. 요즘 일에 관해 이야기할 때는 정신적인 면을 빼놓을 수 없습니다. 그 까닭은 지난 25년간 크게 변화한 일본 사회의 모습 중에서 가장 눈에 띄게 부정적인 측면이 바로 자살자의 증가이기 때문입니다.

그전까지만 해도 2만 명을 조금 넘었던 연간 자살자 수가 1998년에 갑자기 증가하여 3만 2000명을 돌파했습니다. 이 해에는 버블경제가 붕괴한 후 불량채권 문제가 부각되고 거대 금융기관이 차례로 파산하면서 일본 경제가 크게 흔들렸습니다. 일하는 환경도 나빠지고 1990년대 중반부터 시작된 취직 빙하기가 지속되면서 구직자가 자신이 원하는 회사나 업종에 취직하지 못하는 '고용의 미스매치'의 심각성을 의식하게 된 시기이기도 했습니다.

자살자의 증가는 일시적인 현상에 그치지 않았습니다. 그 뒤로 2011년까지 14년 동안 연간 자살자 수가 지속적으로 3만 명대를 기록했습니다. 그 후 2만 명대로 떨어지면서 감소세를 보이고는 있지만 이는 우울증 환자의 조기 발견과 치료라는 돌봄 체제가 정비되었기 때문이라고 합니다. 한편 우울증을 포함한 '기분 장애' 환자가 최근 15년간 약 2.5배나 증가해 100만 명을 넘어섰습니다.

이 중대한 사태는 '일'을 둘러싼 현재 상황과 밀접하게 연관되어 있습니다. 불확실한 시대인 만큼 일자리를 구하는 것 자체도 쉽지 않습니다. 뿐만 아니라 그 어느 때보다 더욱 효율이나 성과를 바라는 직장에서 '나다움'을 추구하기란 몹시 어려운 일이겠지요.

그렇다면 이런 중압감에 짓눌리지 않기 위한 처방전은 없을까요? 있습니다. 그 처방은 바로 하나의 영역에 자신을 100퍼센트 맡기지 않겠다는 태도입니다. 일에 임하는 자세도 그렇고, 삶의 방식도 그렇습니다. 하나의 일에 전부를 쏟아 붓지 않는 것, 스스로를 궁지로 내몰지 않는 것이 중요합니다.

그동안은 곁눈질하지 않고 하나의 목표를 위해 매진하는 모습이 미덕으로 여겨졌습니다. 그런 모습에서는 어떤 존엄함마저 느낄 수 있었습니다. 자신의 일이라 생각하면서도 나의 전부를 쏟아 부으며 열정을 다하지 않는 것, 하나의 일에 모든 것을 걸지 않는 태도는 불성실하다고 여겨질지도 모르겠습니다. 하지만 앞으로 어떤 일이 일어날지 전혀 알 수 없는 불확실한 시대를 사는 우리에겐 역시 어느 정도는 자기 방어책이 있어야 한다고 봅니다. 하나의 영역에 나를 100퍼센트 맡기지 않는 것은 자신이 망가지지 않게 하는 보험, 이른바 리스크 헤지risk hedge(위험 회피)인 것이지요.

다양한 축의 필요성

학문에 임할 때도 이러한 자세가 의외로 중요합니다. 단 하나의 주제에 전부를 걸고 열중하던 연구자가 있다고 합시다. 그 노력은 몹시 훌륭하지만 그런 자세 때문에 시야가 좁아진다면 그 훌륭한 노력은 연구자가 원하지 않던 결과를 초래할지도 모릅니다. 예를 들어 예전에 '사회주의 헌법'을 연구하던 사람이 있다고 합시다. 그렇다면 그 연구자는 지금 연구할 대상을 잃어버렸을 것입니다. '큰 정부'의 가능성을 믿고 그 정책론을 연구하던 사람도 마찬가지입니다. 한 우물만 열심히 파던 사람이 그 구멍이 닫혔을 때 더 이상 무엇을 해야 좋을지 몰라 곤혹스러워하는 모습 역시 안타깝지만 드물지 않게 접하곤 합니다. 그러니 하나의 주제를 연구하면서 동시에 인접 분야 혹은 어떤 방식으로든 관련이 있는 다른 분야를 지속적으로 살펴야 하는 것이지요. 이는 한 가지 일에 정통하지 못하고 온갖 일에 손을 대는 것과는 다르며, 오히려 앞서 살펴본 다양한 관점을 키워나가는 태도와 통하는 부분입니다.

이는 학문의 세계에만 국한되지 않습니다. 인생도 마찬가지입니다. 축이 되는 다리가 아닌 나머지 다리 하나는 가급적 다른 곳에 걸쳐두는 편이 좋다고 봅니다. 내 안에 바꿀 수 있는 채널을 몇 개쯤 만들어두고 일을 끝내면 일단 다른 채널로 의식을 옮깁니다. 예를 들어 가정이나 육아에 힘쓰는 것도 좋고 취미에 몰두하는 것도 좋습니다. 친구를 만나거나 자원봉사 혹은 지역 활동에 참여하는 것도 좋지 않을까 합니다.

이렇게 자신이 역점을 두는 대상을 몇 가지로 분산시
켜둔다면 일이 잘 안 풀려 큰 피해를 보고 낙담하게 되었
을 때도 그런 나를 또 다른 관점에서 바라볼 수 있습니다.
일을 하면서 받은 상처 또한 일이 아닌 다른 종류의 보람
으로 치유할 수 있습니다. 한 가지 일로만 가득 찬 버거운
삶을 살고 있다면 일이 잘 안 풀렸을 때 정신적으로 몹시
위험한 상태에 빠지지 않으리라고 누구도 장담할 수 없습
니다. 추진하던 프로젝트가 돌연 어쩔 수 없는 사정으로
중단되었을 때 그 프로젝트에 온 몸과 마음을 바치던 사
람이라면 '내 인생은 이제 이걸로 끝'이라는 생각이 들지
도 모릅니다. 하지만 그럴 때 내 안에 이를 보완해주는 차
선책이 있다면 상황은 매우 달라집니다. 어떤 경우라도
그러하겠지만 다차원의 축과 가치관을 가진 사람은 리스
크에 강합니다.

　　현재 일본에서 하나의 영역에 나를 100퍼센트 맡겨두
지 않는 삶이란 일반적이지 않습니다. 무엇보다 이제까지
의 전통적인 가치관으로는 인정받을 수 없는 삶의 방식일
것입니다. 한동안 일본의 비즈니스맨은 '기업 전사'라 일
컬어지며, 바로 그 억척스러움이 강력한 일본 기업을 지

탱하고 있다고들 칭송했습니다. 하지만 동시에 그들은 야유의 대상이 되기도 했습니다. '회사 인간'이라든가, 더 나쁘게는 '사축社畜'이라는 표현으로도 불렸습니다. 당시 제 눈에도 비즈니스맨의 이러한 모습이 그다지 좋아 보이지 않았습니다. 하지만 일하는 사람 본인의 입장에서는 그렇게까지 일한다는 것이 어떤 의미로는 자랑이었습니다. 앞서 언급한 학력 사회이자 평등주의 시대라면 내가 억척스럽게 일할수록 그만큼 회사가 성장하고 내 지위와 월급도 올라갈 거라는 희망을 가질 수 있었으니까요.

그러나 이제는 기업을 위해 억척스럽게 일한다고 해서 반드시 높은 평가를 받는 시대가 아닙니다. 장시간 노동을 강요하는 '블랙 기업'을 제외하면 이제 많은 기업이 시간 외 노동을 제한하고 있으며, 유급휴가를 반드시 쓰게 하는 제도를 갖추고 있습니다. 이제는 일 이외의 시간에 얼마나 다른 가치를 발견해낼 수 있는지가 중요해졌습니다. 서양에서는 세계적으로 활약하는 기업인의 거의 대부분이 자원봉사나 자선사업, 취미 등 제2, 제3의 영역에 역점을 두고 있습니다. 살아가기 힘든 시대에 살아남기 위해서라도 내 안에 몇 가지 서로 대체할 수 있는 채널을 갖는 것이 어떨지 한번 고려해보시기 바랍니다.

'자아실현'의 함정

사회인이나 젊은이들이 자주 하는 말 중에 '자아실현'이라는 것이 있습니다. 이는 앞에서 살펴본 '나다움'보다는 조금 더 무거운 느낌입니다. 실제로 자아실현이라는 말이 사용되는 맥락을 보면 '지금의 나'는 임시적인 모습일 뿐 '진짜 나'가 아니고, 내 안에는 아직 완성되지 않은 훨씬 더 훌륭한 '진정한 나'가 있어서 그것을 목표로 삼아 매진하며 자신을 질타하고 격려하는 경우가 많습니다. 자아실현은 지금도 기업 세미나나 대중 강좌에서 '사회인이 당연히 해야 할 일'처럼 요청되며, 우리 역시도 이를 '사회인의 당연한 의무'인 양 여깁니다. 하지만 여기에는 커다란 함정이 도사리고 있습니다. 이 억압이야말로 현대인의 정신을 좀먹고 있기 때문이지요.

이는 눈에 보이지 않는 '이상적인 나'를 찾아 실현하라는 요구입니다. 물론 더 나아지고자 하는 마음, 즉 향상심 向上心을 갖는 것은 좋습니다. 하지만 보이지 않는 나를 찾아 실현하기란 몹시 어려운 일입니다. 환상에 가깝다 해도 좋을 정도입니다. 설사 어느 정도까지 이루었다 해도 사람의 욕심이란 끝이 없으니 결코 그 결과에 만족하지 못할 터입니다. 그 사람은 언제까지나 욕구 불만에 시달리겠지요. 만약 주변에 자아실현에 성공한 사람이 있다면—아마 성공한 듯 보이는 그 사람도 스스로는 자아실현을 못 했다고 생각해 욕구 불만 상태일 테지만—그가 너무도 눈부셔 이제 나는 틀렸다며 울적한 기분에 빠질 것입니다. 이래서는 정신적인 충실함을 도모하기는커녕 오히려 정신에 해로운 상태가 되지 않을까요.

오늘날 일본의 비즈니스 퍼슨, 특히 20~30대의 젊은 세대는 종종 '초식 동물'에 비유되며 활기가 없다는 말을 듣곤 합니다. 하지만 험난한 고용환경에 억눌리고 거기다 자아실현의 압박까지 더해지고 있는 지금, 자신이 보람을 느끼는 일은 엄두도 내지 못하는 그들의 처지를 보면서 노력이 부족하기 때문이라며 책임을 떠넘기기만 한다면 그들에게 활기가 생길 리 만무합니다.

자유로운 시대의 곤란

'자아실현'이라는 말이 이토록 위세를 떨치게 된 것은 비교적 최근의 일입니다. 길게 잡아도 2000년대에 들어서가 아닐까 합니다. 물론 이전에도 비슷한 개념은 있었습니다. 예를 들어 1980년대에는 '자기 자신 찾기'라는 말이 자주 언급되었습니다. 이것도 자아를 추구한다는 면에서는 마찬가지였던 것 같습니다. 하지만 '자기 자신 찾기'라는 말에는 지금처럼 아주 절박한 느낌은 없었습니다. 역설적이게도 그 이유는 '자유'와 연관되어 있습니다.

당시에는 모든 일이 지금처럼 자유롭지 않았습니다. 그러니까 어떻게 보면 그때가 지금보다 마음이 편했다고도 할 수 있습니다. 제가 학교에 다닐 때는 눈에 보이는 뚜렷한 신분 차별은 없었지만, 그럼에도 서열이나 직업의 귀천, 학력의 차이, 경제적인 풍요로움의 차이는 개인의 노력으로 극복하기 힘들었으며 개인이 사회에서 꿈을 실현하는 데 높은 장애물이 되었습니다. 경제적인 이유로 상급학교에 진학하지 못하는 사람도 많았습니다. 기업에서 사람을 뽑을 때 가정환경을 조사하여 불합격시키는 일도 있었습니다. 저 역시 자이니치라는 이유로 취직이 되지 않았고, 취직을 할 수 없었기에 대학원에 진학할 수밖에 없었습니다.

무언가를 극복하기 위한 에너지라는 면에서 볼 때, 어쩌면 장애물이 있는 편이 사람을 열심히 노력하게 하는 측면이 있지 않나 합니다. 제가 바로 그랬기 때문입니다. 정치학자가 되려는 순수한 목적을 위해서가 아니라 자신이 자이니치임을 극복하고자 하는 마음에서 노력했는데, 그것이 결과적으로 자아실현과 비슷한 무언가를 이뤘다고 하는 편이 맞을 것 같습니다. 다양한 장애와 족쇄가 있던 옛날이 어떻게 보면 정신적으로는 편했던 것이지요.

예전에 비해 요즘은 이런 종류의 문제는 거의 없어졌습니다. 출신 문제 역시 치명적이지 않습니다. 교육 수준은 큰 폭으로 향상되었으며, 거시적으로 보면 학력의 차이는 거의 없다고도 할 수 있습니다. 이는 학력 사회라는 신화가 붕괴한 다른 측면이라 하겠습니다. 지금은 모두가 평등하고 어떠한 장애도 없는 자유로운 상태입니다. 그러니 "자, 여러분 모두 자유롭게 자기 자신을 표현해보세요"라며 '되고 싶은 나'를 마음껏 추구하는 것으로 승부를 내라고 합니다. 그것이 자아실현이라고들 합니다. 그런데 이

것이야말로 도망가지도, 변명하지도 못하는 몹시 괴로운 상황이 아닐까 합니다.

애초에 거의 차이가 없으니 개인이 아무리 노력한다고 해도 다른 사람보다 훨씬 잘하기란 쉽지 않습니다. '넘버 원'이 되기도 몹시 어려운 일이 되었습니다. 그래서 지엽적인 부분에서 필사적으로 겨루고 '이것도 하고 저것도 해보자'며 욕심을 내게 되지요.

키에르케고르라는 철학자는 '이것이냐 저것이냐'라는 가치의 두 가지 선택지에 관해 성찰했습니다. 그런데 지금의 우리는 '이것이냐 저것이냐'가 아니라 '이것도 하고 저것도 하자'라며 제한 없이 많은 것을 실현하려 하는 바람에 결국 그 욕심으로 스스로 망가지게 생겼습니다.

이런 모습은 남성에게서뿐만 아니라 여성에게도 보입니다. 오늘날의 여성은 예전에 비하면 믿을 수 없을 정도로 '이것에도, 저것에도' 노력하고 있습니다. 예전에는 가정 일만 잘하면 됐고 그것만으로도 훌륭하다고 칭송받았는데, 지금은 '일'에서도 꿈을 이루어야 하고 결혼해서 아이도 낳고 현모양처도 되어야 합니다. 또 '잘 나가는 여성'이어야 하고 '아름다운 여성'이기까지 해야 합니다. 이런 것들이 전부 가능하다면 정말로 슈퍼우먼이겠지요. 하지만 이 슈퍼우먼을 목표로 노력하다가는 툭 하고 끊어지기 직전까지 팽팽하게 잡아당겨진 실처럼 엄청난 스트레스로 항상 고통받지 않을까요.

높은 이상을 갖는 것은 물론 좋은 일입니다. '향상심' 또한 좋은 말입니다. 하지만 그 때문에 스스로를 궁지로 몰아 결국 자기 폐쇄적인 상태에 빠져버린다면 이상과 향상심이 도대체 무슨 의미가 있겠습니까.

자연스러울 것

이 시대에 '일'이란 무엇이고 또 그 문제점은 무엇인지 이모저모 살펴보았습니다. 그러면 지금부터는 비즈니스 퍼슨이 이러한 역경의 시대에 살아남기 위해서는 어떤 태도와 각오를 가져야 할지 살펴보겠습니다. 이는 몹시 어려운 문제이므로 가장 잘 듣는 특효약 같은 대답은 없습니다. 하지만 좋은 힌트가 될 만한 것 하나가 제 머릿속에 떠오르는군요. 바로 '자연스러움'입니다.

'자연스러움'의 '자연'은 '네이처nature'를 뜻하는 '자연

しぜん'이 아닙니다. 불교 용어인 '자연じねん'입니다(일본어에서 '자연自然'은 의미에 따라 '시젠しぜん'과 '지넨じねん' 두 가지로 읽힌다-옮긴이). 이 '자연'이라는 말에는 '저절로 자연스럽게'라는 뜻도 있는데, 바꿔 말하자면 '있는 그대로'라는 뜻입니다. 무리하지 않고, 잘난 체하지 않고, 작위적이지도 않으면서 있는 그대로의 나를 인식하는 것이지요. 그렇다고 해서 굳이 노력하지 말라는 것도 아닙니다. 무리하게 자신을 크게 보이려 하지 않는 것이 중요합니다. 동시에 스스로를 값싸게 여겨서도 안 됩니다. 지금 여기에 존재하는 한 인간으로서 나를 있는 그대로 인식하는 것, 바로 그것이 자연스러운 것입니다.

이는 인간이 그렇게 되고 싶어하는 '본래성本來性'이라 해도 좋겠습니다. 영어의 'authentic'이 그 뜻에 가깝지 않을까 합니다. 일과 연관 지어 말하자면, 다른 사람에게 어떻게 보일지에 구애받지 않고 나에게 일이 어떤 의미인지 생각하여 내면에서 솟아나는 동기와 사명감이 이끄는 일과 마주하는 것이지요.

학력 사회의 신화가 살아 있던 시대라면 '자연스러움'이라는 말이 조금 공허하게 들릴지도 모르겠습니다. '학력을 높인다'라는 일정한 '역할 행동'을 수행하면 내 생활이 나아진다고 믿었기 때문입니다. 사회 안에서 지위가 조금씩 상승하면서 "너는 이제 한 사람 몫을 한다"는 말을 들을 수 있었고 그렇게 어른이 되었습니다. 당시에는 이런 방식으로 지위를 획득하고 배분했으며 그렇게 자동적으로 자아실현을 이룰 수 있었습니다. 이 안에서는 본래의 내가 무엇인지 묻지 않아도 괜찮았습니다.

하지만 최근 25년 동안 학력 사회 모델은 종지부를 찍었습니다. 대신 '개인 경력 모델'이 널리 퍼졌지요. 이 글로벌 시대는 학력 대신 일정한 성과를 보여줄 수 있는 인재를 요구하고 있습니다. 바꿔 말하면 내가 모든 일을 스스로 생각하고, 주체적으로 책임지며, 나의 활동을 조정하고 배치할 수 있으며, 모든 상황에 유연하게 대처하고, 또 변화된 환경에 맞춰 즉각적으로 내 안의 프로그래밍을 바꿔 행동하기를 게을리 하지 않는 인재입니다.

지금 대학에서는 이런 다채로운 능력을 구비한 '멀티 인재'를 육성하는 일이 최대 목표가 되었습니다. 기업에서 가장 바라는 인재 역시 마찬가지입니다. 하지만 이 개인 경력 모델에는 바로 그 일을 내가 본래 원했는지 혹은 그 일이 내가 생각하는 가치에 부합하는지 같은 중요한 물음이 빠져 있다는 문제점이 있습니다.

자연스럽기 위해서는 자신의 내적 동기에 진정으로 귀 기울일 필요가 있습니다. 사회적으로 가치가 있다고들 하니 학습하는 모방 단계를 넘어 (그 일이) 나만의 동기와 사명감에 얼마나 부합하는지를 보아야 합니다. 이는 내면의 가치를 발견하는 것이라고도 할 수 있습니다. 목적의식과 뜻이 바탕에 없다면 아무리 다방면에 재능이 있다 해도 일을 통해 진정한 만족을 느끼지 못할 것이며, 또 진정한 의미에서 뛰어난 성과를 내지도 못할 것입니다.

당연하게도 내면의 가치를 발견하기란 몹시 어려운 일입니다. 내면의 가치를 발견할 수 있게 해주는 것이 바로 인문 지식이라고 저는 생각합니다. 인문 지식은 무엇보다도 인간이 살아가는 의미와 목적에 관한 것이며, 내면으로부터 삶의 의미와 목적을 만들어내기 때문입니다. 이에 관해서는 뒷부분에서 더 자세하게 고찰해보기로 하겠습니다.

자연인 스티브 잡스

예전의 저는 자연스럽게 살지 못했기에 몹시 힘들었습니다. 지금 생각해보면 그때 그렇게 아등바등 애를 쓰거나 잔재주를 부릴 것이 아니라, 그저 '우리 부모는 어쩌다 보니 일본 밖에서 온 사람이고 또 어쩌다 보니 그 둘 사이에서 내가 태어난 것'이라고 있는 그대로 받아들였으면 좋았을 텐데 싶습니다. 당시의 저는 그것을 뛰어넘는 무엇인가가 되려고 무리를 했습니다. 그래서 힘이 들었습니다. 지금도 결코 삶에 능숙해진 것은 아니지만 나이를 먹은 덕분인지 예전보다는 훨씬 편해졌습니다.

자연스럽다는 것은 '부족함을 안다', '자족한다'는 말과 가까울지도 모르겠습니다. 예를 들어 어떤 사람이 평탄하지 않은 가정에서 태어났다고 합시다. 하지만 이는 제반 사정에 의한 것이지 그가 어쩔 수 있는 것이 아닙니다. 그렇다면 '뭐, 상관없어. 그걸로 됐어'라고 인정해버리는 것이지요. 이런 것, 저런 것 전부 다 고치려고 생각하지 말아야 합니다. 사람이 노력으로 변화시킬 수 있는 것과 변화시킬 수 없는 것이 있습니다. 이런 것들을 포함하여 나 자신을 인정하는 것, 스스로를 알고 그런 나를 긍정하는 것이 바로 자연스러움입니다.

우울증에 걸렸거나 방에 틀어박혀 나오지 않는 이들은 어쩌면 자기애가 강하고, 어떻게 해서든 자신을 높이려고 애쓰는 사람들일지도 모릅니다. 또 어떻게 보면 나를 긍정하지 못하고, 나를 사랑하지 못하는 사람들일지도 모르겠습니다. 그러므로 자연스러움을 알고 그에 꼭 맞는 삶의 방식이나 일의 방식을 모색하는 것은 매우 중요합니다.

다소 비약이 있을지도 모르겠지만 자연스럽게 살았고, 또 그렇게 살았기에 멋진 일들을 성취한 사람으로 애플의 창업자 스티브 잡스를 꼽을 수 있습니다. 일반적으로 그는 '자유인'이라 불립니다. 동시에 그는 굉장한 '자연인'이기도 했습니다. 그는 대기업 경영자였으나 마음은 한평생 자유로웠으며, 조직형 샐러리맨의 그것과는 달랐습니다. 그렇지 않았다면 이토록 즐거운 상품을 만들어낼 수 없었을 터입니다.

애플 제품의 열광적인 팬은 전 세계에 있습니다. 그들은 왜 애플 제품을 지지할까요? 그저 성능과 디자인이 좋아서일까요? 아닙니다. 그 제품들이 마치 날개를 단 듯 자유롭고 풍요로워 보이기 때문입니다. 우리는 자유로움과 풍요로움을 삽니다. 작은 사과 마크가 주머니 안에 들어 있는 것만으로 나 자신도 날개를 단 자유로운 인간이 된 듯한 감각을 안겨주기 때문에 우리는 애플 제품을 삽니다.

이렇게 말하면 '그거야 잡스가 대단히 특별한 사람이니 그렇지, 나는 보통 사람이라 그렇겐 못 해'라며 있는 그대로의 자연스러움에서 창조성이 생겨나는 일은 불가능하다고 할 사람도 있겠지요. 그런데 그렇지 않습니다. 원래 인간은 있는 그대로의 자신을 인정해야 합니다. 마찬가지로 있는 그대로의 타자도 인정해야 합니다. 그리고 그러한 자신을 다시 있는 그대로의 타자에게서 인정받아야 합니다. 사람들 사이의 관계를 통해 성립되는 사회는 본래 그러해야 합니다. 있는 그대로 존재하면서 동시에 상호 자유롭게 개방되어야 합니다. 그렇게 된다면 위축되었던 창조성의 문 또한 열릴 것입니다.

오늘날 일본은 여러 의미에서 기능부전機能不全에 빠져 개인과 사회 시스템 전체가 심각한 병을 앓고 있습니다. 그러므로 지금 이 자리에서 각각 자신의 마음을 다시금 살피고 자연스러움에 관해 생각해볼 필요가 있습니다. 지금부터 서로 인정해주기 시작합시다. 그리하면 조금씩 변하지 않을까요?

 이것이 역경의 시대를 사는 우리가 일에 정진하면서도 나를 잃지 않고 '나다운' 인생을 누리기 위한 제 나름의 작은 시나리오입니다. 부자연스러운 자아실현 따위에 신경을 갉아 먹히는 일 없이 좋은 모습으로 일을 지속하기 위한 마음가짐이 바로 자연스러움입니다. 이 마음가짐을 의식하면서 각자 나름대로 자신이 처한 곳에서 노력하기, 이것이 지금 생각할 수 있는 최선의 일하는 방식이 아닐까 합니다.

자전적인
이야기

부모님께 배운 것

매스미디어 활동과 연구 활동을 함께 하며 '사회'를 진단하고, 그에 따른 의견을 세상에 알리는 것이 제 일입니다. 저는 이 일을 천직이라 생각합니다. 하지만 제가 여기에 다다르기까지는 고뇌로 가득 찬 기나긴 여정이 있었습니다. 2장에서는 저를 이끌어준 좌절과 어쩌면 헛고생으로 가득했던 제 인생의 전반에 관해 말씀드리고자 합니다. 제가 빠져나온 시련의 터널은 지금의 심각한 사회 상황과 닮은 부분이 있습니다. 그랬기에 제 경험이 어쩌면 이 난세를 극복하는 데 도움이 되지 않을까 하여 소개하기로 합니다.

전후 복구가 한창이던 1950년, 저는 일본 규슈의 구마모토시에서 태어났습니다. 부모님은 전쟁 전에 한반도에서 일본으로 건너온 자이니치 1세로 폐품 회수업에 종사하고 있었습니다. 지금이야 쓰레기나 안 쓰는 물건을 재활용하는 환경운동과 관련된 사업이라는 좋은 이미지가 있지만, 제가 어렸을 적에는 깨끗함이나 스마트함과는 거리가 먼 일이었습니다. 아마 부모님도 좋아서 시작했다기보다는 다른 일을 구할 수가 없어서 어쩔 수 없이 하게 된 것이겠지요. 하지만 부모님은 하기 싫었을 것이 분명한 그 일을 착실히 궤도에 올려놓아 자식들을 고생시키지 않았습니다. 덕분에 저는 어린 시절부터 성인이 될 때까지 경제적으로 곤란했던 적이 거의 없습니다.

부모님이 선택한 일은 제게 '가르침'을 주기도 했습니다. 폐품 회수란 사회의 순환 구조 자체를 취급하는 일이었으므로 부모님 곁에서 어깨 너머로 보는 동안 '세상의 축도' 같은 것을 터득할 수 있었습니다. 사회에 이익이 되는 것과 무익한 것. 유해한 것과 무해한 것. 재활용되는 것과 되지 않는 것. 낡아도 가치가 있는 것과 낡으면 쓸모없어지는 것. 그리고 일회용과 영원히 변하지 않는 것. 그런 것들로 가득한 현실이 언제부턴가 제 안에 새겨지기 시작했습니다.

그즈음 어머니가 자주 하시던 말씀 중에 아직도 생각나는 말이 있습니다.

"사람은 걸어 다니는 식도食道란다."

즉 사람은 살아 있는 한 먹을 것을 구해 음식을 만들어 섭취하고 또 배설하는데, 이를 되풀이하면서 살아가는 것은 부자건 배운 사람이건 가난한 사람이건 결국 다 똑같다는 말이지요. 제 어머니 나름의 유물론이긴 하지만 어떤 날카로운 진실을 품고 있는 것 같습니다.

　부모님이 하시던 일은 사람들과 다양한 관계를 맺는 일이었기에 저희 집에는 항상 많은 사람이 드나들었습니다. 저는 그 시끌벅적한 분위기 속에서 마치 피부 호흡이라도 하듯 사회를 느끼며 성장했습니다. 만약 제 아버지가 평범한 샐러리맨이었다면 분명 맑게 정화된 사회의 위쪽 공기밖에는 몰랐겠지요. 부모님 덕분에 이런 환경에서 보낸 어린 시절이 '세상의 구조와 인간의 존재 방식에 관한 연구'의 원점이 된 것 같습니다.

야구 선수의 꿈

　부모님의 사랑을 한 몸에 받으며 자란 덕분에 초등학교, 중학교 시절의 저는 비뚤어진 데 없이 천진난만하며 활기 넘치는 소년이었습니다. 밝은 성격에 성적도 나쁘지 않아, 제 입으로 말하기엔 쑥스럽지만 반에서도 인기가 있는 편이었습니다.

　그런 제가 푹 빠져 있던 것은 바로 야구였습니다. 지금 생각해보면 어린 시절에 야구 외에 도대체 뭘 했는지 기억이 안 날 정도입니다. 야구, 야구, 야구, 야구……. 아침에 일어나 해가 질 때까지 오로지 야구만 했습니다. 야구에 대한 제 열의는 사실 재일 한국인으로 당시에는 도에이 플라이어스(지금의 홋카이도 닛폰햄 파이터즈) 소속이었고, 나중에 요미우리 교진의 꽃이라 불렸던 하리모토 이사오('장훈'이라는 이름으로 알려진 재일 동포 야구선수-옮긴이) 선수에게서 비롯된 것이었습니다.

당시 크게 활약하고 있던 하리모토 선수를 볼 때마다 어머니는 이렇게 말씀하셨습니다.

"하리모토 선수 정말 대단하구나. 야구만 잘하면 어디 사는 누구라도 상관없잖아."

실력만 있으면 출신과는 상관없이 활약할 수 있고, 전국적으로 인기를 얻을 수 있다는 것입니다. 이런 스포츠의 세계가 더할 나위 없이 매력적으로 비쳤던 모양인지 어머니는 제게도 야구선수가 되는 것이 어떻겠느냐며 자꾸 권했습니다. 사실 제겐 그런 어머니의 기대가 조금 무겁게 느껴졌지만 그래도 야구는 정말로 좋아했고, 또 야구를 목표로 한다면 무엇보다 어머니를 기쁘게 해드릴 수 있다는 걸 알았기에 야구를 어머니와 저 두 사람분의 꿈으로 받아들였습니다.

덧붙이자면 저희 집에서 '공부'는 그다지 장려되지 않았습니다. 놀라실지도 모르겠지만 제가 공부하려고 밤늦게까지 깨어 있으면 어머니는 얼른 자라며 스탠드를 꺼버리곤 하셨습니다. 당시에는 어머니가 왜 그러는지 이해가 되지 않았습니다. 아마도 어머니는 제가 좋은 학교에 진학한다 해도 결국 좋은 회사에 취직하진 못할 거라 생각하셨던 것 같습니다. 그럴 거라면 애초에 공부 따위 안 시키는 편이 낫겠다는 것이었겠지요. 어머니의 생각이 옳았는지 어땠는지는 제쳐두고서라도 당신의 아들이 상처받는 모습은 보고 싶지 않다는 어머니의 자식 생각은 지금 돌이켜봐도 가슴 한 편이 아려옵니다.

어쨌든 어머니의 기대에 부응하기 위해, 그리고 저 또한 별다른 문제의식 없이 고등학교에 들어가서도 아침부터 저녁까지 좋아하는 야구에만 매달리는 생활이 이어졌습니다. 그러다 고등학교 2학년, 열일곱 살이 되던 때의 일입니다. 저는 마치 발에 뭐라도 걸린 것처럼 주춤하게 되었고, 그 결에 문득 바라본 거울 속 제 모습에 의문을 갖게 되었습니다. 그때부터 저는 마치 눈사태에 휘말린 것처럼 갑자기 아무것도 할 수 없는 상태로 빠져들고 말았습니다. 길고 긴 우울한 나날의 시작이었습니다.

제가 주춤하게 된 가장 큰 이유는 다름 아닌 '야구'에서 느낀 좌절 때문이었습니다. 사실 그때 저는 이미 저 자신에게 프로 야구선수가 될 자질이 없다는 것을 분명하게 깨달았습니다. 우선 제게는 체질적인 문제가 있었습니다. 몸이 그다지 튼튼하지 않았던 것이지요. 특히 위장이 과민하여 아무리 노력해도 살이 찌지 않았습니다. 하반신의 힘도 약해서 스포츠를 하기에는 치명적이었습니다. 또 성격에도 문제가 있었습니다. 부끄럽지만 가장 열심히 해야 하는 중요한 순간이 되면 배짱이 없어지는 것입니다. 야구로 예를 들자면 바로 다음과 같은 상황입니다. '9회 말 3대 0으로 지고 있는 상황에서 2사 만루. 다음 타자가 홈런을 치면 역전, 아니면 경기 끝'과 같은 순간, 과연 내 차례가 돌아오길 원하는가 하는 것이지요. 솔직히 저는 '절대로 내 차례가 오지 않기를' 바라는 성격입니다. 하지만 진정으로 프로 야구선수가 되길 바란다면 이런 상황은 커다란 기회입니다. '내가 꼭 홈런을 칠 테니 출전하게 해달라'고 나설 정도가 아니면 안 됩니다. 마치 어전 경기御前 競技에서도 전혀 동요하지 않고 홈런을 쳐내는 나가시마 시게오 선수처럼 말이지요.

이 사실을 깨달은 저는 저 자신의 일임에도 불구하고 크게 충격을 받았습니다. 그 이후로는 이상하게도 그렇게 좋아하던 야구가 조금도 즐겁지 않았습니다.

정체성의 위기

그때 좌절감보다 더 견디기 힘들었던 것은 바로 이제 더 이상은 어머니를 기쁘게 해드릴 수 없을 거라는 뭐라 말할 수 없는 쓸쓸함이었습니다. 이 두 가지 상처가 제 마음을 한없이 어둡게 했습니다.

야구선수의 꿈이 깨진 것을 한 축으로 저는 많은 것을 깨달았습니다. 특히 자이니치라는 현실을 직면하고는 어떻게 하면 좋을지 몰라 깊이 고민했습니다. 당시 자이니치가 처한 입장은 지금과는 비교할 수 없을 정도로 나빴습니다. 마치 사회의 응달에서 자라난 민꽃식물과도 같았습니다. 그러니 부모는 가능하면 아이들의 기를 살리기 위해 필사적으로 일을 했던 것이지요.

부모님의 노력 덕분에 저는 그렇게 비참한 일은 당하지 않았습니다. 그럭저럭 공부도 했고, 비교적 친구도 많았습니다. 나가노 데쓰오永野鉄男라는 일본 이름을 썼으니 겉으로는 차별이나 괴롭힘을 당하지 않았습니다. 저는 학교라는 사회에 제법 잘 적응하면서 제 나름의 세계를 깔끔하게 구축할 수 있었습니다.

그런데 저는 너무나 자기중심적이게도 그쪽 세계가 점차 즐거워지자 부모님과는 거리를 두게 되었습니다. 말하자면 사회생활이 잘될수록 부모님과는 상관없는 척하고 싶어진 것이지요. 모순적이게도 그런 와중에도 저는 부모님을 사랑했습니다. 부모님의 따뜻한 보호를 조금도 불쾌하게 생각하지 않았습니다. 빈말로도 결코 깨끗하다고는 할 수 없는 일을 자식들을 위해 아침부터 밤까지 땀을 줄줄 흘리며 해내는 부모님의 모습에 감동했습니다. 긍정적인 시선으로 보았으니 동아줄 묶는 모습 하나에서도 숙련된 손길을 느꼈으며, 거기에 일말의 아름다움까지 깃들어 있다고 인정할 정도였습니다.

아마도 사랑과 미움이 반반씩 교차하는 상태였던 것도

같습니다. 그냥 단순하게 남인 양 굴거나 연을 끊는다면 차라리 쉬웠겠지만 그렇게 되지는 않았습니다. 절반은 싫었고 나머지 절반은 사랑했습니다. 이런 상반된 감정은 아직 어린 제가 소화하기에는 너무 어려운 것이었습니다. 학교에서는 인기 있는 우등생의 얼굴을 한 채 지내다가 집에 돌아오면 다른 가치관으로 생활했습니다. 마음속에는 양쪽 세계에 모두에 감추고 있는 일이 있었습니다. 당시 저는 이렇게 여러 개의 단층에 각각 다리를 걸치고 하루하루를 살아가야 했습니다.

요즘 '정체성 상실'이라는 말을 종종 하는데, 제 경우에는 정체성 상실보다는 '정체성 분열'이라는 말이 어울릴 것 같습니다. 그러니까 '나'라는 인간이 몇 개로 찢어져 스스로는 통합할 수 없는 상태입니다. 어찌됐든 정체성의 위기였음에 틀림없습니다.

아마도 그러한 중압감 때문에 마음에 부하가 걸렸나 봅니다. 저는 가벼운 기흉까지 얻었습니다. 직접적인 계기는 친구 중에 기흉이 걸린 아이가 있어 그걸 흉내 내며 놀렸던 일입니다. 장난을 치다가 옮았다기보다는 원래 제 안에 가득 차 있던 문제가 장난을 계기로 발병하여 겉으로 드러났다고 생각합니다.

그때부터 저는 예전에 가지고 있었던 천진난만함을 거짓말처럼 잃었고, 고등학교 3학년 때는 학교에도 가지 못하는 등교 거부 상태가 되고 말았습니다. 학교에 가는 대신 방에 틀어박힌 채 책을 읽었습니다.

덧붙이자면 제가 제 안으로 숨어들기 시작한 것은 열일곱 살 때입니다. '위험한 17세'라는 말이 있듯이 이 나이는 소년소녀에게는 제법 큰 전환기가 되는 연령인 모양입니다. 한 심리학자에 따르면 인간은 이 나이 즈음에 통나무 다리를 건너 비로소 어른이 된다고 합니다. 그 통나무 다리는 실은 깎아지른 듯한 절벽 위에 걸쳐져 있지만 많은 사람이 절벽인지 모른 채 다른 지면을 걸을 때와 마찬가지로 느끼며 건너간다고 합니다. 그런데 그중에는 발아래가 깊은 계곡임을 눈치 채고 두려움에 뒷걸음질 치며 건너지 못하는 아이도 있다는 것이지요. 제가 바로 그런 경우였던 것 같습니다.

고전과 역사를 만나다

저는 어린 시절 야구에 심취해 있던 스포츠 소년이었으니 특별히 책을 좋아하는 편은 아니었습니다. 또래 아이들이 보통 그랬던 것처럼 노구치 히데요(일본의 세균학자-옮긴이)나 퀴리 부인의 전기를 가끔 읽는 정도였습니다. 그러던 제가 열일곱 살 때 방에 틀어박히면서 책의 세계에 몰입하게 되었습니다. 아마도 좌절을 맛보게 한 '야구' 대신 제 마음을 지탱해줄 무언가가 필요했기 때문인 것 같습니다.

다행히도 폐품 회수업을 하던 부모님은 '세계문학전집'이나 '일본문학전집' 같은 헌책을 많이 구해다 주셨습니다. 덕분에 저는 보고 싶은 책을 닥치는 대로 읽을 수 있었습니다. 그때 많이 읽었던 것은 아쿠타가와 류노스케나 다자이 오사무, 혹은 사카구치 안고, 고바야시 히데오, 가메이 가쓰이치로 같은 사람들과 나쓰메 소세키입니다. 해외 작가로는 톨스토이가 좋았습니다. 장대한 인생의 교훈에 매료되었습니다. 당시에는 러시아 문학이라고 하면 도스토옙스키 쪽이 더 인기가 있었으니 저는 소수파였을지도 모르겠네요.

정통파 문학뿐 아니라 만화나 대중소설도 제법 읽었습니다. 이런 종류의 책은 근처 책 대여점에서 빌려 보았습니다. 만화는 당시에 『가로』라는 유명한 잡지가 있었는데, 저는 온종일 어두운 가게 2층에서 시간 가는 줄 모르고 읽었습니다. 그중에서도 시라토 산페이(쇼와 시대의 만화가. 그의 작품은 마르크스주의와 유물사관을 바탕으로 한 것으로 해석되어 학생과 지식인들 사이에 널리 읽혔다-옮긴이)의 『닌자부게이초 가게마루덴』과 『가무이 가이덴』은 몹시 감동적으로 읽었으며 많은 영향을 받았습니다.

지금도 선명하게 기억나는 것은 고양이와 쥐가 나오는 이야기로 '쥐의 인생'의 의미를 형이상학적으로 묻던 부분입니다. 이런 내용이었습니다. 쥐는 고양이에게 먹히기 위해 이 세상에 태어났을까? 그럴지도 모르겠다. 하지만 어쩌면 그 쥐들 가운데 한 마리가 '궁지에 몰린 쥐가 고양이를 물듯이' 고양이를 향해 덤벼들지도 모른다. 그 반골 정신이 격세유전으로 다음 세대로 전해질지도 모른다. 그렇다면 '약자로서의 쥐'라는 운명이 반드시 생명 세계의 필연은 아니지 않겠는가, 변할 수 있지 않겠는가, 하는 식이었지요. 아주 깊이 있는 이야기입니다. "그래 봤자 만화, 그래 본들 만화"라고들 하지만 일본이 세계 제일의 만화왕국이라 그런지 전후의 초창기 만화 중에는 특히 의욕적이며 좋은 작품이 많았습니다.

대중소설 종류로는 나카자토 가이잔의 『대보살 고개』(일본 대중소설의 효시라 일컬어진다-옮긴이) 등을 재미있게 읽었습니다. 『대보살 고개』는 이른바 고급 문학이라 평가받지는 못하지만 막부 말기를 살아간 유상무상有象無象의 인간 군상을 거대한 스케일로 파노라마처럼 생생하게 그려낸 소설입니다. 이러한 형태의 소설은 일본문학에서도 특이한 편입니다.

또 도쿄소겐샤에서 출판된 윌리엄 L. 샤이러의 『제3제국의 흥망』 다섯 권은 다소 이색적인 책으로 지금까지 선명하게 기억하고 있습니다. 이 책은 나치 독일이 2차 세계대전 중에 무슨 짓을 했는지 사진을 통해 상세하게 보여준 논픽션입니다. 그 책에 나온 불에 탄 사람 뼈가 산처럼 쌓여 있는 모습이나 인체 실험으로 뒤틀린 몸 같은 것은 아직도 눈을 감으면 생생하게 보일 정도입니다. 학교에서는 일본사든 세계사든 깨끗하게 살균 처리된 것만 가르쳐주었기에 '그렇구나, 실제로는 다르구나. 인간이란 이렇게 역겨운 짓을 저지르는구나' 하고 충격을 받았습니다. 동시에 인간의 행위는 '소설보다 기이하구나' 싶어 묘하게 감탄하기도 했습니다.

소세키, 톨스토이, 『대보살 고개』, 『가무이 가이텐』, 그리고 『제3제국의 흥망』을 보면서 제가 읽어내고 흡수한 것은 인간이란 어떤 생물이며 어떤 일을 해왔는가, 즉 '인간이 만든 역사'에 관한 이해였습니다. 그래 봤자 겨우 10대 소년이었으니 얼마나 명확한 문제의식을 가지고 있었을지, 분명 어설픈 부분이 있었을 것입니다. 어쨌거나 문자화되지는 않았지만 최종적으로는 그런 주제에 수렴되었으리라 생각합니다.

인간이란 무한한 가능성을 지닌 훌륭한 존재이지만, 동시에 서로 상처를 주고 속이고 엄청난 실패를 하기도 하는 믿을 수 없는 존재이기도 합니다. 그런 존재가 무리를 지어 사회를 이루고, 관계를 맺으며, 다양한 시스템과 제도가 만들어지고 그러한 것들이 길게 이어져 '역사'가 됩니다. 사람은 어떤 종류의 이유로 무언가를 행하고 그 결과 일정한 성과를 얻고, 그렇게 하여 또 다른 형태로 마주하는 사람이 나타납니다. 인간의 역사란 이것의 반복입니다. 저에게 책이란 이런 사실을 차근차근 가르쳐주는 필수불가결한 지식의 원천이었습니다. 또한 제게 책은 '부모님 대신', '선생님 대신'이라는 측면도 있었습니다.

부모님이 무슨 말을 해도 듣지 않던 시절에는 굳이 반항은 하지 않더라도 반사적으로 부모님 말에 반대하기 마련이므로 책을 읽는 것이 중요했습니다. 부모님의 말은 있는 그대로 받아들일 수가 없었으니 대신 책에서 많은 것을 배웠습니다. 또한 책은 혈연관계가 아닌 제3자이므로 사회의 일원으로서 객관적인 사고를 하기 위해서는 부모에게 배우는 것보다 좋은 부분도 있습니다.

방황하던 대학 시절

고등학교를 졸업한 저는 재수를 해서 와세다대학 정치경제학부에 합격하고 1969년에 홀로 상경했습니다. 지금은 '입시 공부가 끝나고 도쿄에 혼자 산다'고 하면 '아무 눈치도 안 보고 놀 수 있으니 제일 좋은 시절이네'라고들 하겠지만 제 대학 생활은 그렇게 발랄하지 않았습니다. 기쁘지도 즐겁지도 않았지요.

실제로는 집을 나오면서부터 최악이었습니다. 제가 와세다대학을 목표로 삼은 가장 큰 이유는 사실 좌절한 야구의 꿈을 아직 완전히 포기하지 못했기 때문이었습니다. 당시에는 대학 야구가 인기였는데 고등학교 야구부의 대선배 시로토 히로시 선수(1958년 봄, 고교 야구 리그에서 와세다 실업고교의 왕정치 선수와 대결한 에이스)가 프로야구로 가지 않고 와세다대학 야구부에 들어갔습니다. 그래서 저도 시로토 선수처럼 프로가 되지는 못하더라도 야구를 계속하고 싶다는 작은 희망을 품고 와세다대학의 시험을 치른 것이지요.

그런데 현실은 그리 녹록치 않았습니다. 입학 직후 야구부에 가보니 야구부원만 100명이 넘게 있었던 것입니다! 야구부는 인기가 있어서 테스트를 통과하지 못하면 들어갈 수도 없었습니다. 대학에서 클럽 활동으로 하면 큰 압박감 없이 좋아하는 야구를 할 수 있고, 거기서라도 활약을 하면 어느 정도 눈에 띄어 어머니를 기쁘게 해드릴 수 있으리라 생각했던 제 꿈은 그렇게 맥없이 무너지고 말았습니다. 원래 틀어박혀 있기를 좋아하는 제가 어떻게든 분발해서 대학에 들어간 것인데, 더욱 심한 좌절을 맛보게 되었지요.

도쿄는 너무 눈부시고 또 너무 떠들썩했으며, 그런 도쿄에 저는 주눅 들기 일쑤였습니다. 실패가 이어졌기 때문에 완전히 소극적으로 변해 친구도 사귀지 못했습니다. 구마모토 사투리가 부끄러워 말도 꺼내지 못했으며 학교에 가서도 수업에 들어가지 않았습니다. 대신 도서관에 틀어박혔습니다.

당시 사회 분위기도 그런 저를 우울하게 하는 데 한몫했습니다. 저는 1969년에서 1973년까지 학부를 다녔으니 학생운동의 절정기는 이미 지나간 뒤였습니다. 하지만 학생운동은 여전히 치열했고, 캠퍼스는 용맹스럽게 격문을 돌리는 젊은이들로 차고 넘쳤습니다. 모두가 열광하는 '이상理想'이 북한이나 중국에 있다고 생각하지 않았던 저는 끝까지 학생운동에 관여하지 않았습니다. 하지만 제 주변은 '고양이든 주걱이든' 가리지 않고 모두 사회주의를 예찬했으며, 그에 동의하지 않는 자는 바보가 되는 분위기였습니다.

하지만 학생들의 '정치의 계절'은 1972년 연합적군 사건과 아사마 산장 사건을 마지막으로 못다 핀 채 지고 말았습니다(연합적군 사건은 일본 신좌익 연합적군의 조직원들이 수사망을 피해 산중으로 도피해 잠복하던 오두막에서 린치와 대량살인을 벌인 일을 가리키고, 아사마 산장 사건은 연합적군의 멤버가 벌인 인질극을 말한다. 이 두 사건 이후 연합적군은 조직원의 이탈로 와해되었다-옮긴이). 그들은 모두 평범한 옷으로 갈아입고 마치 아무런 일도 없었던 것처럼 본래의 사회로 복귀했습니다. 망연자실할 수밖에 없었습니다.

그 대신 세상에 나타난 것은 화려한 소비사회였습니다. 어려운 논쟁을 하던 젊은이가 없어진 바로 딱 그만큼 세상은 편안하고 안락해졌습니다. 어쩌면 당시의 이 가치 전환을 통해 일본은 진정한 '성숙화의 길'로 들어섰으며 그 이후로 세계 제일의 경제 선진국을 향해 매진한 것인지도 모르겠습니다.

눈이 핑핑 돌 정도로 빠르게 움직이는 세상 한 구석에서 저는 제가 있을 곳도, 정체성도, 목표도 알지 못한 채 남겨져 있었습니다. 이대로 끝없이 방황만 하다가는 정말로 이 세상에 오직 나 혼자만 남겨질 것 같은 두려움에 휩싸였습니다. 이런 생각은 점점 커져만 갔습니다. 드디어 그런 생각이 정점에 이른 대학교 3학년 여름, 저는 어찌

되었든 하나는 결론을 내보자는 마음으로 부모님의 뿌리인 한국에 가보기로 했습니다. 때마침 한국에서 변호사를 하던 작은아버지가 놀러오라고 불러주셨기에 일단 가보면 뭔가 변할지도 모르겠다고 생각했던 것입니다.

나가노 데쓰오에서 강상중으로

저는 서울에 한 달 정도 머물렀습니다. 그때 앞뒤 가리지 않고 바다를 건너 한국으로 간 것은 정말 다행이었습니다. 아니, 다행 정도가 아닙니다. 이 경험은 저에게 인생 최대라고 해도 좋을 정도의 전환점이 되었습니다.

처음으로 발을 디딘 할아버지의 땅은 보는 것 듣는 것 전부가 '컬처 쇼크'였습니다. 이미 세계 제일의 선진국이 된 일본과 비교할 때 한국은 아직 개발도상국으로 일본의 전후 부흥기와 비슷하다는 느낌을 받았습니다. 저는 먼저 그 격차에 놀랐고 그다음으로는 역사적으로 이렇게까지 깊은 인연이 있는 나라인데 어찌하여 이토록 단절되어 있는지 깊이 생각하게 되었습니다.

서울에 머무는 동안은 부모님의 지인들을 만나고 내가

누구인지 생각하는 시간이 계속되었습니다. 일본에서 나고 자라 한국말을 못하는 저인지라 처음에는 언어 장벽도 있었지만 점차 그러한 장애는 느껴지지 않았습니다. 거창한 이야기는 아니지만 피를 나눈 친척들에게서 느껴지는 '인정'에 마음이 부드럽게 녹았습니다. 결국 저는 '한국이니 일본이니 하는 것은 어찌되든 상관없지 않을까. 일본인이든 한국인이든 어느 쪽이든 상관없잖아. 그런 것들을 초월한 지평에 이르고 싶어'라고 생각하게 되었습니다.

일본으로 귀국하기 전날 서울 중심가의 한 빌딩에서 커피를 마시고 있는데 문득 그런 생각이 들었습니다. 당시의 서울에서는 가장 높은 빌딩이었던 그곳의 창밖으로 때마침 저물어가는 해가 보였습니다. 구마모토에 살던 제가 도쿄에 와서 처음으로 석양이 아름답다고 느낀 것은 가정교사 아르바이트를 하기 위해 도요코선 전철을 타고 덴엔초후역으로 가던 길이었습니다. 차창 밖으로 지는 해가 너무도 아름다워 눈을 떼지 못하고 바라보았습니다. 그때 보았던 석양과 서울의 빌딩에서 바라본 석양은 완전히 같았습니다.

붉고 커다란 해가 지평선 아래로 기울어지며 번화가 빌

딩에서 쏟아져 나오는 사람들을 비스듬하게 비추고 있었습니다. 그 모습을 바라보고 있으려니 '그렇구나, 어차피 인간은 모두 이렇게 살아가는 거구나. 일본인지 한국인지는 중요하지 않아, 모두 같은걸'이라는 생각이 들었습니다. 그러자 '도대체 왜 이런 일로 고민했던 걸까' 싶었습니다. 자신이 자이니치라는 것에 너무도 신경을 써왔던 제가 바보처럼 여겨지면서 갑자기 맥이 탁 풀려버렸습니다. 맥이 풀리긴 했지만 실망감 때문은 아니었습니다. 제 안은 안도감 혹은 요행에 가까운 감각으로 가득했습니다.

일본으로 돌아온 저는 일본 이름 '나가노 데쓰오'를 버리고 한국 이름 '강상중'을 쓰기로 마음먹었습니다. 제 뿌리가 한국에 있다는 생각 때문은 아니었습니다. 일본 이름인 나가노 데쓰오가 가짜 이름이고, 강상중이 진짜 이름이라는 의식 때문도 아니었습니다. 그저 변하고 싶었습니다. 스스로 변하기 위해 상징적인 행위로 이름을 바꾸려 한 것이지요. 궁극적으로는 어느 쪽 이름이라도 상관없었던 것 같습니다. 만약 원래 강상중이라는 이름을 쓰고 있었다면 반대로 나가노 데쓰오라고 바꿨을지도 모르겠습니다.

지금에 와서 생각하니 이는 앞에서 언급한 '자연스러움'에 가까운 마음이 아니었나 싶습니다. 그저 이제는 더 이상 숨기지 않고, 척하지 않고, 있는 그대로의 나로 있고 싶었습니다. 그러기 위해서 좀 더 잘 맞는 이름이 우연히 '강상중'이었을지도 모르겠습니다. 이로써 저는 이른바 두·번째 인생을 살게 되었습니다.

소중한 친구

이리하여 저는 두 번째 인생을 살게 되었으나 그렇다고 해서 이를 계기로 순조롭기만 한 미래가 제 앞에 펼쳐졌느냐 하면 꼭 그렇지도 않습니다. 최대의 난관이자 이 책의 주제이기도 한 '일'이 문제였기 때문입니다. 말하자면, 취직이 잘 안 됐습니다. 물론 제가 자이니치이기 때문이었습니다. 국적을 초월하자고 통 큰 결심을 하고 이름을 바꾼 저였지만 몇 년을 옴짝달싹 못하고 고민하게 되었습니다. 공부해서 상급학교에 진학해봤자 직업을 얻지 못할 거라 생각했던 어머니는 한동안 제가 야구를 하기 바라셨는데, 어찌 보면 어머니의 그 생각이 맞았던 것도 같았습니다.

당시에는 경제가 순조롭게 발전하는 중이었으므로 지금과는 비교도 안 될 정도로 인재를 찾는 수요가 많았고, 주위의 동급생들은 일찌감치 대기업의 내정을 받아 근심 없는 마지막 1년을 즐기고 있었습니다.

하지만 제 상황은 완전히 달랐습니다. 당시 저와 같은 상황에 처한 친구들과 '한국문화연구회'라는 동아리 활동을 하고 있었는데 모두 취업을 못해 곤란한 지경이었습니다. 취업이 가능한 곳은 음식점, 술집, 유희시설 정도였습니다. 그게 아니면 같은 자이니치가 경영하는 작은 회사였습니다. 제대로 대학 생활을 한 일반적인 학생이 꿈꾸는 길과는 전혀 다른 방향 이외에는 길이 열려 있지 않았습니다. 저보다 훨씬 뛰어난 사람도 그러했기에 저도 내심 포기하고 있었습니다. 어차피 안 될 것을 알면서도 당시 일본에서 가장 리버럴하고 선진적이라 일컬어지던 대기업에 지원해보았습니다. 물론 서류 전형에서 떨어졌지요.

그렇다고 해서 아무것도 하지 않고 놀 수만은 없었습니다. 방황하던 끝에 저는 대학원에 남기로 했습니다. 가끔 제가 정치학계의 신진 젊은이로서 '청운의 꿈'을 가지고 연구자의 길을 선택했으리라 좋게 봐주시는 경우도 있는데 실은 전혀 그런 상황이 아니었습니다. 대학원에 진학하기로 한 이유는 그 외에는 유예 기간을 벌 수 있는 모라토리엄의 장소가 없었기 때문입니다. '차선책'이었던 것이지요.

그렇게 대학원에서 4년을 보내고 드디어 저는 세상의 거센 파도를 맞닥뜨리게 됩니다. 하지만 미래는 여전히 보이지 않았고, 정규 고용의 길은 좀처럼 열리지 않았습니다. 그래서 어떻게 했을까요? 저는 비상근 강사를 하면서, 또 가끔은 아내의 수입에 기대어 '주부主夫 생활'을 하며 그럭저럭 생활을 이어갔습니다. 겨우겨우 정규직 대학 교원이 된 것은 놀랍게도 마흔을 눈앞에 둔 서른일곱 살 때의 일이었습니다.

앞에서 살펴본 것처럼 사람은 일을 얻어야 비로소 사회로 들어가는 입장권을 손에 넣습니다. 그 입장권을 얻지 못한다는 것은 사회에서 쓸모없다는 말을 듣는 것이나 마찬가지지요. 그러니 일이 없다는 것은 몹시 괴로운 일이라 생각합니다. 저도 같은 경험을 했기 때문에 바로 지금 그런 일을 당하고 있는 분들의 마음을 잘 알고 있습니다.

그렇다면 저는 그 긴 터널을 어떻게 빠져나올 수 있었을까요? 바로 좋은 사람들과의 만남 덕분이었습니다. 좋은 만남이 많았기에 막다른 길에서 오도 가도 못 하던 저는 힘을 얻을 수 있었습니다. 그중에서도 제 인생관을 크게 바꿔놓은 두 사람에 대해 이야기해보려 합니다.

첫 번째 사람은 대학원 시절 독일의 에어랑엔-뉘른베르크대학에서 유학할 때 만난 임마누엘 스타브로라키스라는 의사를 지망하던 그리스인 청년입니다. 제가 그에게 공감한 것은 우리가 거의 비슷한 상황에 처해 있었기 때문입니다. 그의 부모님은 독일에 일하러 온 그리스 크레타섬 출신 이민자로 맥주 회사인 레벤브로이에 다니고 있었습니다. 독일어는 거의 하지 못했습니다. 임마누엘은 이민자 2세로 저의 그리스판이자 독일판이라 하겠습니다. 그런데 그는 훌륭하게도 아주 긍정적이었습니다. 성격도 밝았습니다. 저처럼 침울하게 고민하지 않았습니다. 그를 알게 되면서 저는 눈앞의 자욱하던 안개가 걷히는 것 같았습니다.

그는 언제나 이렇게 주장했습니다. "인생이란 힘들 때도 있는 거다. 그럼에도 사람은 즐길 수 있다"라고요. 아니, 즐겨야 한다고, 그것은 오히려 우리의 의무라고 했습니다. 원래도 우울한 구석이 있던 저는 독일의 차가운 날씨에 더욱 우울해져 있었습니다. 임마누엘의 밝은 성격은 우울하던 제게 지중해를 비추는 태양처럼 눈부시게 느껴졌습니다. 그 하얀 빛에 녹아들듯이 드디어 저의 마음은 한층, 또 한층 가벼워졌습니다.

임마누엘과 알고 지내면서 '자이니치'는 세상 어디에나 있다는 사실을 깨닫자 그동안 제 눈을 가리고 있던 비늘이 떨어져나간 것처럼 개운한 기분이 들었습니다. 잘 생각해보면 그건 너무나 당연한 일이며 특별한 일도 아니었습니다. 자기에게 피를 나눠준 고향이 아니라 다른 나라에서 살아가는 사람은 전 세계에 얼마든지 존재합니다. 그럼에도 불구하고 당시의 저는 그런 사실을 깨닫지 못했던 것이지요. 나만이 국제적인 역학과 차별의 희생자라고, 다소 과장해서 말하자면 전 세계에서 내가 가장 불행한 사람이라고 여겼던 것입니다. 하지만 그렇지 않았습니다. 전 세계적으로 보면 저 같은 사람은 실로 지엽적이고, 어찌 보면 제 고통은 작은 것이었습니다.

그걸 깨달은 순간 제가 품고 있던 고민이 마치 망원경

을 거꾸로 들고 보는 것처럼 멀리 원경으로 페이드아웃되는 느낌을 받았습니다. 아마도 그때가 스스로를 상대화하여 복안의 시점으로 볼 수 있게 된 순간이었던 듯합니다.

저는 독일 유학에서 돌아와 그 경험을 바탕으로 사회와 세계의 구조를 고찰하고, 그것을 가르치는 일을 하며 살아가기로 마음먹었습니다. 바로 제가 '천직calling'을 의식한 순간이었습니다. 임마누엘과의 만남을 통해 제 고민이 애초에 개인이 마음속에서 엎치락뒤치락하며 괴로워할 사적인 문제가 아니라 사회의 문제이자 역사의 문제이며 국제 정치의 문제로서 공적으로 논의해야 하는 일임을 깨달았기 때문입니다. 이는 또한 어릴 적부터 부모님이 하시는 일을 보면서 알게 된 것들이 그대로 제 일이 될 수 있음을 깨달은 순간이기도 했습니다.

모든 일에는 때가 있나니

제 인생관을 바꾼 나머지 한 사람은 대학원을 졸업하고 비상근 강사로 일하던 때 알게 된 도몬 가즈오라는 개신교 목사입니다.

여러분은 1980년대에 많은 논의를 불러일으킨 '지문날인 거부운동'을 아십니까? 이는 일본 주재 한국인/조선인의 지문을 날인하고 등록하기를 강요하는 '외국인등록법'에 저항하기 위해 일어난 일련의 사회운동입니다. 저는 사이타마현의 지문날인 거부 제1호로서 제일 먼저 반대의 뜻을 표명했습니다. 저는 당시 사이타마현의 아게오시에 살고 있었습니다. 그때 날인 거부를 지지하는 쪽에 서서 저를 응원해주신 분이 바로 아게오합동교회의 도몬 목사님이었습니다.

그분과는 그때의 인연으로 가까워져 공적으로도 사적으로도 많은 조언을 얻었고, 나중에는 세례를 받기도 했습니다. 제가 도몬 목사님께 마음 깊이 감사드리는 부분은 바로 '일'에 관한 것입니다. 바로 도몬 목사님의 주선으로 저는 서른일곱의 나이에 국제기독교대학ICU의 정규직 조교수 일을 얻을 수 있었습니다.

이것만으로도 정말 큰 은혜를 입었습니다. 하지만 목사님이 주신 말씀은 이보다 한층 더 크게 제 가슴을 울렸습니다. 그 말씀은 '모든 일에는 때가 있나니'(「전도서」제3장)라는 『구약성서』의 한 구절이었습니다. 이 말씀을 들었을 때 저는 벼락에라도 맞은 듯한 느낌에 무심코 눈물을 흘리고 말았습니다.

그즈음의 저는 앞서 말한 지문날인 문제 등으로 분주했고 정신적으로도 피곤했습니다. 또 이미 가정과 아이도 있었으므로 그에 대한 책임 또한 무겁게 느끼고 있었습니다. 거기다 열심히 연구하고 논문을 쓰면서 목표를 향해 달려가도 곧바로 주목을 받지는 못했기에 몹시 답답해하고 있었습니다. 만약 이대로 불안정한 상황이 지속된다면 계속 이렇게 살 수 있을지 걱정이 되어 무척이나 초조해했던 것 같습니다. 이런 여러 가지 생각이 풀리지 않고 응어리져 있는 상황에서 아버지와 작은아버지가 차례로 돌아가셨습니다. 제 마음은 더욱 울적해졌습니다.

도몬 목사님 눈에 그런 제 모습이 얼마나 여유가 없고 사납고 초조해 보였을까요. 그래서 그런 말씀을 건네주신 것 같습니다. '모든 일에는 때가 있나니'라는 구절은 몹시 함축적인 말로, 인간이 무엇인가를 하려고 할 때 그 모든 것에는 적당한 때가 있음을 뜻합니다. 바꿔 말하자면 심을 때가 있고, 태어날 때가 있으며, 죽을 때가 있고, 춤출 때가 있으며, 웃을 때가 있고, 슬플 때가 있다는 것입니다.

그리고 이건 제 생각이지만 다소 희망적인 해석 하나를 얹어보자면, 아무리 힘든 일이 있고 또 계속해서 나쁜 일이 이어진다 해도 반드시 '때'가 기다리고 있다는 것입니다. 그러니 초조해하거나 방심하지 말고 차분하게 마음을 가라앉히고 살라는 의미가 아닐까 싶습니다.

이는 '지금', '여기'를 열심히 살아가라는 뜻이기도 합니다. 미래는 불확실하기에, 내일은 어떻게 될지 모르기에 더욱 지금, 여기를 열심히 살아가라는 것입니다.

인간의 사고에는 '과거'와 '현재', '미래'라는 세 가지 시간 개념이 있습니다. 그중에서도 '미래'는 좌우지간 무겁게 보이는 경향이 있습니다. 우리는 입만 열면 '나중에 이런 자리에 오르기 위해서'라거나 '장래를 위해 비축해둔다'거나 '행복한 노후를 위해서'라며 쫓기듯이 열심히 노력합니다. 하지만 미래는 그림자도 형태도 없는 개념뿐인 대상인지라 '미래의 일은 고민해봐야 어쩔 수 없다'는 것이 사실입니다. 그렇다고 '미래 같은 환상'을 쫓지 않고 찰나적으로 살아갈 수 있는가 하면 사실 그것도 잘 안 되지요. 나중에 어떻게 살아야 할지 몰라 헤매지 않을까 두려워하고, 목표로 삼은 곳까지 올라가지 못할까 두려워합니다. 그 두려움 때문에 귀신이라도 들린 듯이 일을 하고, 또 그렇게 마음은 너덜너덜해집니다.

한편 과거는 사람의 발목을 잡습니다. 끝난 일을 아쉬 워한들 아무 소용이 없는데 언제까지고 과거에 붙들려 앞 으로 나아가지 못하는 경우를 자주 보셨지요? 인간의 비 극은 '미래를 예측하고 싶어 한다'는 것과 '기억한다'는 것에서 기인합니다. 과거를 아쉬워하고 미래를 불안해하 기에 마음의 병을 얻게 된다는 말이지요. 저도 바로 그러 한 상황이었습니다.

'때'가 기다려준다는 안심, 그것이 있기에 사람은 '지 금, 여기'를 열심히 살아갈 수 있습니다. 만약 '서두르지 않으면 늦는다'거나 '시간은 기다려주지 않는다' 같은 초 조함에 휩싸여 행동에 나선다면, 마음이 깃들지 않은 어 중간한 상태로 일하게 되지 않나 싶습니다. 그러니 '모든 일에는 때가 있나니'라는 말은 유유자적한 듯 보여도 최 종적으로는 몹시 냉정하고 침착한 예지인 것입니다. 지금 은 불우하더라도 반드시 돌아올 시간을 믿고 기다릴 것, 그저 기다리기만 할 것이 아니라 '지금', '여기'를 열심히 살면서 '그때'를 기다릴 것. 바로 그런 의미가 아닐까요.

도몬 목사님이 말씀해주신 성경 구절처럼 그 뒤의 제 인생은 괴로웠던 전반부에 비하면 몹시 매끄럽게 흘러갔습니다. 저는 국제기독교대학에서 10년 정도 일한 후 도쿄대학으로 초빙되었습니다. 이 또한 때를 기다린 하늘의 조화였을지도 모릅니다.

'쓸모없음'의 효용

문득문득 과거를 돌이켜보다가 '아, 나라는 사람은 이제껏 살아오면서 만난 사람들에 의해 만들어졌구나' 하는 생각이 절실하게 들 때가 있습니다. 한 시인의 말을 빌리자면 '나란 지금까지 만나온 사람들의 일부'입니다. 정말로 그렇구나 싶습니다. 구마모토에서 보낸 소년 시절의 만남, 대학 시절의 만남, 유학 시절의 만남, 비상근 강사 시절의 만남, 그리고 대학 교원이 된 이후의 만남. 그러한 만남이 없었더라면 아마도 지금의 저는 없을 터이며, 지금 하고 있는 일을 하게 되지도 않았을 터입니다.

동시에 제가 지금 하는 일에 다다르게 된 것은 엄청난 우여곡절을 겪으며 수많은 길을 돌아서 왔기 때문이라는 생각이 듭니다. 보신 것처럼 저는 줄곧 '스피드 출세'나 '조숙한 천재'처럼 세상 사람들이 동경하는 모습과는 거리가 있는 길을 걸어왔습니다. 그 느린 길 위에서 저는 초조해하기도 했고 스스로를 미워하기도 했습니다. 하지만 지금은 그래서 다행이라고 생각합니다. 말하자면 쓸모없음의 효용이라고나 할까요.

제 인생은 일반적인 취업 경로를 거치지 않았다는 면에서 조금 특별한 부분이 있는 듯합니다. 하지만 중요한 것 딱 하나만을 꼽아보라고 한다면 역시 이 '쓸모없는' 부분이 아닐까 합니다. 요즘은 비즈니스의 세계든 물건을 만드는 세계든 혹은 공부나 가사든 모든 분야에서 비용 절감, 인력 감축, 합리화, 시간 단축에 온 힘을 쏟고 있습니다. 쓸모없는 부분을 없애고 시간과 돈을 유용한 데만 사용하라고 입이 닳도록 이야기합니다. 하지만 '요점만 있는 짧은 시간'에는 아무래도 보이지 않는 것이 있습니다.

쓸모없음이 줄어들고 경제적인 효율이 높아지는 측면은 있겠지요. 하지만 그 방향으로 끝까지 밀고 나간다면 틀림없이 사람은 소모되기만 하여 남는 것 하나 없는

'빈털터리'가 되어버릴 것입니다. 제게는 그러한 모습이 그다지 좋아 보이지 않습니다. 오히려 언뜻 보기엔 쓸모 없어 보이더라도 열심히 하다 보면 인생이 풍요로워지는 일도 있을 것이라 생각합니다. 저는 이것을 더 믿고 싶습니다.

특히 요즘 젊은이들은 어릴 적부터 나라의 경제 상황이 나빴기 때문에 여러 국면에서 쓸데없는 곳에 에너지를 쓰지 않도록 배우며 자랐습니다. '선택과 집중'은 기업 활동에서 자주 거론되는 말입니다. 물론 중요합니다. 하지만 이 '선택과 집중'의 배후에 실은 더욱 근원적이며 쓸모없는 것을 포함한 중층적인 부분이 넓게 퍼져 있음을 잊어서는 안 될 것입니다.

대학에서 공부할 때도 전공 수업에 들어가기 전에 교양 수업을 먼저 들어 폭넓은 지식을 쌓습니다. 이처럼 쓸모없어 보이는 것을 포함한 토대가 생긴 다음에야 비로소 무언가를 선택하고, 무언가에 집중하는 다음 단계로 걸음을 옮길 수 있습니다.

자이니치라는 제 출생에 대해 고민할 때도 그랬고, 친구와 사귀는 일이나 학문을 연구하는 자세, 일하는 방법이나 스타일에서도 그랬지만, 저는 업계에서 원하듯이 일을 시원시원하게 잘 처리하는 사람은 못 됐습니다. 제가 생각해도 참 쓸데없는 일을 많이 합니다. 어쩌면 제가 원래 가진 재주가 없어서일지도 모르겠습니다. 어쨌든 지금은 그렇게 하길 잘했다고 생각합니다.

여기까지가 바로 우여곡절이 많은 제 인생에서 실감한 것들입니다. 다음 장에서는 제가 고민할 때 많은 도움과 가르침을 얻은 독서와 그것의 효용에 대해 살펴보고, 이를 어떻게 일에 활용하면 좋을지 알아보겠습니다.

책을 읽는
　　　방법과
고전 읽기

정적인 독서에서 동적인 독서로

제가 책을 좋아하게 된 것은 고등학교 때부터입니다. 바쁜 일상 가운데 독서할 시간을 내기란 솔직히 꽤나 힘든 일입니다. 그래도 보통 월 평균 열 권 정도는 읽고 있지 않나 합니다. 서평을 쓰는 일을 하고 있으니 책에 관해 발언할 기회도 많은데요, 저는 항상 고민이 있으면 책을 읽으라고 합니다. 고민이 있을 때 책은 그 무엇보다 좋은 친구가 되기 때문입니다.

우울할 때 책 같은 것을 읽었다가는 더욱 자기 안으로 파고들게 되어 역효과를 가져오지 않을까 우려하시는 분도 있을 것입니다. 하지만 그렇지 않습니다. 책 속의 세계는 자기 머릿속 세계와는 근본적으로 다릅니다. 마치 서양 동화에 자주 나오는 옷장 안에 있는 문을 통해 미지의 세계로 여행하는 이야기처럼, 책을 읽으면 오히려 바깥을 향해 발을 내딛을 수 있습니다. 독서는 자기 세계에 갇히게 하기보다는 자기 세계를 풍성하게 넓혀줍니다.

또 일이나 삶의 방식을 고민할 때라면 그 어느 때보다 책 속의 말이 가슴을 울리는 법입니다. 활기차게 생활하는 동안은 세간의 잡음에 정신을 빼앗겨 주의가 산만해

지지만, 마음과 몸이 피곤하면 자연스럽게 세간의 잡음이 귀에 들어오지 않게 되어 마치 귀마개를 한 듯 책에 몰입할 수 있기 때문입니다. 그리고 책에 쓰인 말이 평소보다 더 마음속으로 쏙쏙 들어오는 걸 느낄 수 있습니다.

활기차고 컨디션 좋을 때는 아무 생각 없이 흘려 넘기던 말이 지쳐 있을 때 문득 머릿속에 떠올라 '아, 이런 뜻이었구나' 하고 깨달았던 적 없으신가요? 그러고 보면 고민하거나 상처받았을 때 사람의 마음은 의외로 솔직해지고 또 유연해지는지도 모르겠습니다.

그렇다면 이제 저의 독서 방법을 간단히 소개하겠습니다. 일반적으로 독서라고 하면 정적인 이미지를 떠올릴 것입니다. 어두운 서재, 책상 위에 켜놓은 스탠드 불빛이 독서하는 이의 검은 등을 부각시키는 '그림'이 아마도 일반적인 '독서의 정경'이 아닐까 합니다.

하지만 실제로 독서는 반드시 조용하고 정적인 행위만은 아닙니다. 독서에는 '음독'이라는 방법도 있습니다. 일본문학에는 음감이나 리듬감이 훌륭한 작품들이 있습니다. 예를 들자면 '호조키(일본 중세문학-옮긴이)'나 '헤이케모노가타리(가마쿠라 시대의 문학-옮긴이)', '오쿠노호소미치(마쓰오 바쇼의 기행 하이카이 모음 - 옮긴이)' 같은 것은 소리 내어 읽기에 적당한 명문입니다. 고전문학뿐 아니라 현대문학 작품에도 아름다운 문장이 많습니다. 예를 들어 나쓰메 소세키나 다자이 오사무 같은 작가의 글을 읽으면 음감이 좋을 뿐 아니라 그 장면에 딱 맞아 들어가는 멋진 구절을 만날 기회가 많습니다. 그러면 저는 앵무새처럼 소리를 내어 읽어봅니다. 음독을 하면 묵독할 때와는 다른 회로를 통해 소리 내어 읽은 문장이 뇌 속으로 들어가 기억으로 정착된다고 합니다.

또 저는 마음에 드는 부분이 있으면 책이 더러워지는 것을 신경 쓰지 않고 줄을 긋습니다. 포스트잇을 붙이기도 하고, 때로는 베껴 적기도 합니다. 마음에 드는 책은 몇 번이고 반복해서 읽기에 어떤 책은 너덜너덜하게 낡아버리기도 하지만 그럼에도 그것은 애착의 표현이라 생각합니다.

저는 요즘 어떤 책이 팔리고 있는지 보기 위해 서점에 자주 가는 편입니다. 동네 서점에도 자주 가지만 매주 몇 번 정도는 대형 서점에 들러 책을 봅니다. 일상적으로 책을 고르다 보면 점점 '아, 재미있어 보이는 책이다' 혹은

'이런 건 새로운 발상일지도 모르겠다'라는 감이 생겨서 책에 대한 예측이 크게 빗나가지 않습니다. 좋은 책을 찾기 위해 서평을 자주 체크하는 것도 방법입니다. 주로 일요일에 오는 신문의 서평란에서 좋은 책들을 소개하고 있으니 적극적으로 체크합니다. 서점에 갈 시간이 없을 때는 서평란에 소개된 책을 인터넷으로 주문합니다.

한편 요즘에는 전자책도 널리 보급되어 있습니다. 위에서 아래로 읽어야 하는 일본책은 전자책으로 보는 일이 별로 없지만 가로 쓰기로 쓰인 책들은 전자책의 형식과 친화성이 높아 보여 서양 원서를 읽을 때 자주 이용하고 있습니다. 가지고 다니기에 좋고, 메모나 표시를 하기도 쉬우며, 음성으로 읽어주기도 하므로 몹시 편리합니다.

탄력적으로 읽기

독서는 일정 정도 이상의 양을 읽는 것도 중요합니다. 저 같은 연구자에게 독서란 빼놓을 수 없는 활동이지만, 일에 쫓기는 비즈니스 퍼슨이 제한된 시간에 최대한 효율적으로 많은 책을 읽기 위해서는 요령이 필요합니다. 바로 탄력적으로 읽기입니다. 이 독서법은 읽어야 할 책을 대략 세 개의 카테고리로 나누어 각각 읽는 방법을 달리하는 것입니다. 저의 독서 방법도 적절히 예로 들어가며 소개하겠습니다.

첫 번째 카테고리는 천천히 시간을 두고 읽는 그룹으로 정합니다. 저에게는 전공 분야와 관련된 정치학 원서 같은 이른바 고전입니다. 이 그룹의 책은 완전히 납득이 갈 때까지 시간제한 없이 읽습니다. 비즈니스 퍼슨이라면 자신의 일과 연관된 분야의 고전이 바로 여기에 해당되지 않을까 합니다. 조금 범위를 넓혀서 자신이 속한 전문영역의 책이나 분야와 상관없는 고전적인 명저를 선택해도 좋겠습니다. 천천히 제대로 읽자는 것이니 권수에는 어느 정도 제한을 두는 것이 좋습니다. 이 책을 위해 얼마나 시간을 쓸 수 있을까 하는 제약도 있겠지만 무엇보다 작정하고 읽는 것만으로도 의미가 있는 책이어야 합니다. 이렇게 생각하면 한 해에 한 권이라도 좋을 듯합니다. 여름 방학이나 긴 연휴처럼 시간적 여유가 있을 때 고전을 다시 읽어볼 것을 권합니다. 이는 몹시 중요한 일입니다. 그렇다고 반드시 두꺼운 책이나 몇 백 페이지에 걸친 대작을 고를 필요는 없습니다. 시간 내기가 어렵다면 얇은 책을 골라도 괜찮습니다.

두 번째 그룹은 중간 정도의 중요도와 관심을 가지고 읽을 책입니다. 제 경우에는 서평을 쓰기 위해 읽는 책들이 이 그룹에 들어갑니다. 첫 번째로 든 고전처럼 시간을 들여서 읽지는 않지만 의견이나 감상을 써야 하므로 일정 정도의 집중력으로 끝까지 다 읽습니다. 이는 일과 관련 있거나 혹은 그 주변 영역에 관한 것이 좋겠습니다. 일과 직접적인 관련이 있는 것보다는 조금 더 넓은 영역에서 선택하는 것이 좋습니다. 너무 먼 영역이 되면 일과의 관련성을 찾기 힘들어지므로 인접 영역에서부터 시작하여 점차 관심을 넓혀가는 것이 좋겠습니다. 이를 반복하다 보면 복안의 시점으로 자신의 일을 바라보는 훈련도 될 것입니다. 일과 관련 있는 것이 아니라 생활 속에서 나오는 관심에 따른 책을 선택해도 좋겠습니다. 일을 잘하기 위해서는 일을 하지 않는 시간에 생기는 문제와 일을 어떻게 잘 이어갈지 고려해볼 필요가 있습니다. 이런 의미에서도 삶의 방식을 되돌아보거나 풍부한 발상을 얻기 위해 이 두 번째 카테고리의 독서는 아주 중요합니다. 일과도 얼마간 관계가 있으면서 동시에 읽기 쉬운 것이 좋겠습니다. 너무 대충 읽지 말고, 어느 정도의 집중력을 가지고 읽도록 주의합시다.

세 번째는 내 전공이나 관심과는 거리가 멀지만 세간에 화제가 되는 신서나 소설, 잡지 같은 것입니다. 이런 것은 전철의 이동 시간 등을 이용하여 목차, 표제어, 키워드를 체크하는 정도로 건너뛰며 읽습니다. 목차를 보면 어디를 읽어야 할지 대충 감을 잡을 수 있습니다. 서문과 후기는 꼭 읽어야 합니다. 내용이 요약 정리되어 있거나 집필 의도라는 형태로 그 책의 문제의식이 분명하게 나와 있는 경우가 많으므로 저도 이 부분은 빼놓지 않고 읽으려 합니다. 신서는 비즈니스 퍼슨이 바쁜 생활 가운데 필요한 정보나 지식, 신개념 등을 효율적으로 습득하기 위해 읽는 것이므로 시간을 많이 들이지 않는 편이 좋습니다. 같은 신서라도 20년 전 책이라면 내용의 수준이 높아 전철 안에서 시간에 쫓기며 읽기에는 적당하지 않습니다. 하지만 최근에 나온 신서는 세 시간이면 다 읽을 수 있는 것이 많으므로 이러한 독서법을 이용해도 괜찮습니다.

매달 수많은 책이 서점에 깔립니다. 먼저 화제의 책이

나 제목에서 흥미가 생기는 책을 선택합니다. 특정한 장만 읽으면 될 것 같은 정도의 호기심이나 관심이 생기는 책이라면, 살지 말지 고민하지 말고 한꺼번에 구입해버리는 것이 좋을지도 모르겠습니다. 혹시 몰라 덧붙입니다만, 이 방법은 '대충 적당히 읽으라'는 뜻은 아닙니다. 시간 관계상 흘려 읽기는 해도 어디까지나 촉각은 예민하게 곤두세운 상태로 읽어야 합니다. 이렇게 읽다가 예상 밖으로 수확이 있을 듯 보이면 그 책을 두 번째 카테고리로 격상시킨 후 전체를 진득하게 읽으면 됩니다.

첫 번째 그룹의 진득하게 읽어야 하는 책은 1년에 한 권 정도면 적당하고, 두 번째 그룹의 조금 시간을 들여서 통독하는 책과 세 번째의 건너뛰며 읽어도 좋은 책은 특별히 권수에 제한을 둘 필요 없이 각자의 속도에 맞춰 읽으면 됩니다. 일의 스케줄에 따라 어떤 시기에는 많이 읽고, 또 어떤 시기에는 거의 읽지 않아도 괜찮습니다.

신문 읽기

만약 너무 바빠서 세 번째 그룹의 건너뛰며 읽기조차

불가능한 시기에는 최소한 신문이라도 열심히 읽도록 합시다. 신문을 안 읽으면 아무래도 확연히 감感이 떨어집니다. 최근 대학생이나 젊은 비즈니스 퍼슨 가운데는 인터넷 포털 사이트에서 제공하는 뉴스를 읽을 뿐 신문은 전혀 읽지 않는 사람이 증가하는 듯하여 굳이 강조해둡니다. 적어도 신문 한 가지는 반드시 읽을 것, 가능하면 두 가지를 읽으면 더 좋겠습니다. 혹은 전국지 하나, 영자신문 하나의 조합도 괜찮습니다.

저는 전국지 하나, 지방지 하나라는 조합을 추천합니다. 전국지와 지방지를 병행해서 읽으면 중앙과 지방을 함께 보는 복안의 시점을 체득할 수 있기 때문입니다. 전국지는 일본 전체의 시각으로 뉴스를 쓰며 국제면도 충실합니다. 지방지는 전국 공통의 뉴스를 게재하기도 하는데 전국지와 지방지 모두에서 크게 거론하는 뉴스라면 전국의 사람들에게 중요한 문제라는 것을 알 수 있습니다. 또 특정 지방 사람들에게 중요한 뉴스라면 전국지보다 크게 취급하기 때문에 1면의 구성이 전국지와 많이 다르기도 합니다. 전국지와 비교해서 보면 그 지방에서 지금 무엇이 문제인지를 어느 정도 알 수 있습니다.

지방지에서 꼭 읽어보길 권하는 부분은 '사설'입니다. 일본 경제가 세계화되었다 해도 그 영향이 드러나는 방식은 지역에 따라 각각 다릅니다. 지금 각지에서 일어나는 지방 은행의 합병 또한 세계화의 한 흐름이라 하겠습니다. 합병했다는 뉴스 자체는 전국지나 지방지나 정보량의 차이는 있어도 공통적으로 다룰 것입니다. 하지만 그 지방에 사는 사람에게 그 뉴스가 어떤 의미를 지니는가, 어떤 영향이 있는가는 크게 다르겠지요. 이에 대한 고찰이 가장 잘 드러나는 부분이 바로 사설입니다.

지방지는 무엇을 읽어도 좋습니다. 내 가족의 고향에서 나오는 신문도 좋고, 일과 관련된 지역의 신문도 좋습니다. 독서법이라는 주제에서 조금 벗어날지도 모르겠지만, 책과 다른 신문의 장점은 바로 지면이 일관성 있게 만들어진다는 것입니다. 잡지보다 훨씬 더 새로운 화제를 망라하여 게재하며, 기사의 크고 작음에 따라 뉴스의 우선순위를 알 수 있으므로 이 시대를 종합적으로 읽을 수 있습니다. 제 식으로 바꿔서 말하면, 신문은 매일 매일의 피부호흡과도 같습니다. 매일 신진대사를 하는 것이 신문만의 매력이지요.

이에 비해 신서는 피부호흡보다는 조금 더 깊은 폐호흡에 가깝다 하겠습니다. 또 고전 읽기는 심호흡에 가까울지도 모르겠습니다. 폐를 전부 사용하여 의식적으로 복식호흡을 하는 것이지요. 하지만 이를 위해서는 매일의 피부호흡이 없어서는 안 됩니다. 그렇지 않으면 몸 전체의 감각이 둔해져 심호흡을 해도 산소를 제대로 흡수하지 못할 수도 있습니다. 고전을 아무리 읽어도 신문을 읽지 않는다면, 내가 살고 있는 지금 이 시대를 독해하는 데 고전을 적용하기란 불가능할 것입니다. 전국지와 지방지를 읽어 복안의 시점을 지니게 되었다면 도깨비에게 도깨비방망이를 쥐어준 듯이 유용하게 쓸 수 있으리라 생각합니다.

시대를 읽을 것

앞에서는 책의 종류와 읽는 방법에 관해 살펴보았습니다. 그러면 왜 지금 독서가 필요한지 그 효용에 관해 조금 더 알아보겠습니다. 독서의 효용은 우선 내가 처한 상황을 바르게 이해하거나 새로운 아이디어를 얻거나 혹은 실패의 원인을 찾는 데 매우 도움이 된다는 것입니다. 독특한 발상일지도 모르겠지만 지금은 내일을 예상할 수 없는 '불확실성의 시대'이므로 미래를 예측하는 건 불가능할지라도 만일을 위한 대비로서 책을 통해 과거의 여러 사례를 배워두면 좋습니다.

시대는 끊임없이 변합니다. 그러나 그 흐름을 보면 눈에 띄게 커다란 변화가 있는 시점이 몇 년에 한 번, 몇 십 년에 한 번씩 있다는 걸 알 수 있습니다. 전차의 궤도를 바꾸는 지점을 '전철轉轍'이라 부르는데 이러한 전철이 역사에도 가끔 나타납니다. 일본 사회가 바로 지금 이 '전철' 위에 있는 것 같습니다. 몇 번이나 언급했다시피 지금 학력 사회 모델에서 개인 경력 모델로의 대전환이 일어나고 있기 때문입니다. 이런 역경의 사회에서 살아남기 위하여 비즈니스 퍼슨은 이와 같은 노선 변경을 가장 빨리 알아차리고, 또 그것이 무엇을 의미하는지도 바르게 볼 수 있어야 합니다. 그리고 이런 변화에 재빨리 임기응변식으로라도 대처하지 않으면 안 됩니다.

어쩌면 제가 다른 사람보다 세상의 움직임을 민감하게 받아들이는 편이라 그랬는지도 모르겠지만, 젊은 시절부터 습관적으로 변화에 예민하게 반응해온 것 같습니다.

아마도 이러한 경향은 제가 자이니치라는 사실과도 관계가 있을 것입니다. 세상이 어떻게 돌아가는지에 따라 어찌 될지 모르는 신분이었으니 항상 느긋하게 있을 수만은 없었던 것이 아닌가 합니다. 사회를 바라볼 때 자꾸만 의심을 가득 품는 버릇이 생긴 것도 같습니다. 하지만 지금은 예측이 불가능한 시대이므로 불안하기는 모두 마찬가지입니다. 사회를 보는 눈을 키우기 위해서라도 가능한 한 좋은 책을 많이 읽는 것이 좋겠습니다.

동시대에 보기엔 초점을 잘못 맞춘 듯했는데, 몇 십 년 지나고 나서 다시 보면 그 내용이 옳았음을 알게 되는 책도 있습니다. 반대로 현시점에는 시대를 몹시 잘 반영하고 있는 듯하지만 겨우 몇 년 만에 더 이상 유효하지 않게 되는 책도 있습니다. 우리는 이를 알아보는 눈을 길러 '지금 유행하는 것'과 '보편적인 진리인 것'을 구별해야 합니다. 이를 단련하여 10년 뒤, 20년 뒤 거름이 될 수 있도록 자기 안에 철저하게 대비하고 비축할 필요가 있습니다.

독서와 의사 체험

독서의 두 번째 효용으로는 '의사 체험疑似體驗(현실에 일어나지 않은 것을 진짜에 가까운 감각으로 체험하는 것을 이르는 말로, 시뮬레이션 장치 같은 인공적인 환경에 들어가거나 이야기의 등장인물에 자신을 겹쳐 보는 일-옮긴이)'을 들고 싶습니다. 이 역시 몹시 중요합니다. 사람의 명命은 생각보다 짧기 때문입니다. 젊었을 때는 마치 인생이 영원히 이어질 듯한 느낌이 들지만, 당연히 그럴 리가 없습니다. 저도 예순을 넘어서야 비로소 '인생이란 눈 깜짝할 사이로구나' 싶었으니까요.

이토록 인생이 짧으니 한 사람이 할 수 있는 일에는 한계가 있습니다. 하지만 책 속에는 나와 완전히 다른 인생이 있습니다. 읽는 사람은 책 속의 사람이 되어 미지의 체험을 할 수 있습니다. 현실에서는 불가능하지만 책을 통해 몇 세기 전의 옛날로 가보는 일도 가능합니다. 왕후장상이나 승려처럼 지금의 삶과는 전혀 인연이 없는 신분이 되어볼 수도 있습니다. 새삼스럽지만 이 체험은 몹시 멋진 일입니다.

컴퓨터가 등장하고 디지털 기술이 발달하면서 버추얼 리얼리티(가상체험)라는 말이 자주 등장합니다. 가끔 "연기자는 평생 동안 몇 사람의 인생을 살아볼 수 있으니 행복하겠다"는 이야기를 하기도 하는데 이와 비슷하다고도 하겠습니다. 비즈니스에서 성공한 인물의 일생을 읽고 용기를 얻을 수도 있고, 불우한 처지에 놓여 발버둥 치면서도 나름의 삶의 방식을 찾은 인물의 길을 걸어보며 나를 되돌아볼 수도 있습니다. 이런 것들은 모두 우리 삶을 풍요롭게 해줄 터입니다.

하지만 독서를 무제한 할 수 있는 것은 아닙니다. 물리적으로 따져보면 금방 알 수 있듯이 한평생 읽을 수 있는 책의 권수에는 한계가 있습니다. 1년에 두 권밖에 읽지 못한다면 10년 걸려도 겨우 스무 권입니다. 그러니 저도 지금 더 좋은 책을 많이 읽고 싶은 것이지요. 선인들이 무슨 생각을 하고 어떤 인생을 살았는지 가능한 한 많은 의사 체험을 하고 싶습니다.

나와의 대화

앞에서 우리는 '의사 체험'으로서의 독서에 관해 살펴보았습니다. 책을 통해서만 의사 체험이 가능한 것은 아닙니다. TV 드라마나 영화로도 의사 체험이 가능하지 않은가, 그것들로도 내가 아닌 다른 시대를 사는 다른 누군가의 인생이 되어볼 수 있지 않은가 하는 의문을 품을 수 있습니다. 네, 정말로 그렇습니다.

하지만 드라마나 영화를 보는 것은 언뜻 책 읽기와 비슷한 듯 보이지만 사실 둘 사이에는 큰 차이가 있습니다. 독서는 읽는 사람이 적극적으로 사고하고 상상하며 책의 세계로 들어가는 능동적인 행위입니다. 하지만 드라마나 영화 감상은 일방적으로 발신되는 세계를 받아들이는 수밖에 없습니다. 물론 드라마에 시청자가 능동적으로 참여할 수 있는 여지가 전혀 없다고는 할 수 없지만, 그래도 일방적으로 정보를 받는 것을 편하게 생각하는 사람이 많지 않을까요? 제가 이렇게 말할 수 있는 이유는 다음과 같습니다. 드라마나 영화를 보는 동안에는 그다지 중요하지 않은 일을 생각하거나 상상하는 등 주의가 산만해지기도 하는데, 그러는 사이에도 화면은 나와 상관없이 거침없이 앞으로 나아갑니다. 그러니 다른 생각을 하다가는 내용이 어떻게 되는 건지 알 수가 없어집니다. 그렇습니다. 화면이나 스크린은 우리가 멈추거나 되돌아보거나 망설일 틈을 주지 않습니다. 이런 점에서 독서와는 크게 다르다고 하겠습니다.

인터넷 정보에도 비슷한 부분이 있습니다. 컴퓨터나 스마트폰을 조작하고 키워드를 입력하여 검색하는 액션이 더해지니 마치 우리는 그 작업에 능동적으로 참여하고 있는 것 같은 기분이 듭니다. 때로는 인터넷에서 솜씨 좋게 검색하면 아주 훌륭한 정보를 손에 넣을 수도 있으니 마치 방대한 지식을 가진 두뇌와 대화하는 듯한 우쭐한 기분이 되기도 합니다. 하지만 이것은 속임수일 뿐입니다. 우리는 애초부터 '저쪽'에 있는 정보를 일방적으로 받고 있을 뿐이지요.

이와 달리 독서는 책 속에 그려진 세계나 그려져 있지 않은 행간을 이런저런 방향으로 추리하거나 내 입장에 적용하여 상상해보면서 아날로그적으로 읽어나가는 과정이라 하겠습니다. 이를 전문용어로 '자기 내 대화自己內對話(일본의 정치학자 마루야마 마사오의 책 제목이기도 하다-옮긴이)'라고 합니다. 이러한 사색 행위를 자발적으로 하지 않으면 독자는 책의 세계로 들어갈 수 없습니다. 단순하게 정보를 얻는 것에 머무르지 말고, 그 의미를 깊이 생각하고 지금 시대나 상황에 적용하면서 읽는 습관을 들이면 좋겠습니다.

시대에 대처할 수 있는 지혜를 얻고, 의사 체험을 즐기며, 자기 내 대화를 촉진한다는 세 가지 효용이 바로 독서의 큰 장점입니다. 이러한 장점을 통해 책 읽기는 살아 있는 체험이 되고 개인의 인격 형성에도 기여하게 됩니다. 그렇다면 아무렇게나 읽어도 그저 권수만 늘리면 된다는 식으로 독서에 접근해서는 안 된다는 것을 알 수 있습니다. 『논어』에는 '학이불사즉망學而不思則罔(배우기만 하고 생각하지 않으면 막연하여 얻는 것이 없다-옮긴이)'이라는 말이 있습니다. 정보로서 받아들일 뿐 깊이 생각하지 않는다면 책만이 가진 효용을 살렸다고 할 수 없습니다.

말린 것과 날 것

앞에서는 제가 생각하는 독서의 기술과 책의 효용에 관해 말씀드렸습니다. 지금과 같은 시대이기에 비즈니스 퍼슨이 더욱 실천했으면 하는 것이 있습니다. 바로 '고전' 읽기입니다. 즉 막스 베버나 마르크스, 루소, 케인스, 슘페터, 문학에서라면 셰익스피어, 톨스토이, 괴테 같은, 그러니까 오랫동안 살아남아 계속해서 널리 읽히는 책을 읽는 것이지요. 저는 이러한 것들을 '말린 것'이라 부르고, 사람들에게 '말린 것'을 추천합니다.

'말린 것'에 관해 이야기하려면 그 반대편에 있는 '날 것', 그리고 '말린 것'과 '날 것'의 관계에 대해서도 언급해야 합니다. '날 것'이란 방금 말한 '말린 것'의 반대로 지금 유행하는 현상이나 최신의 사상, 리얼 타임으로 움직이는 정보 등을 다루는 책이며 '탄력적인 독서'에서 말한 세 번째 그룹에 해당합니다. 오늘날은 하루가 멀다 하고 신조어가 등장하므로 시대에 뒤처지지 않기 위해서라도 '날 것'을 알아둘 필요가 있습니다.

하지만 '날 것'은 먹거리의 경우를 떠올려보면 알 수 있듯이 '제철음식'이니 당연히 맛은 있지만 익히지 않았으므로 가끔 먹고 배탈이 나기도 합니다. 그리고 안전성과 영양가라는 면에서 검증되지 않았습니다. 이에 비해 '말린 것'은 안전성이 검증된 몸에 좋은 것입니다. 신선하지 않고 자극도 없지만 물기가 다 빠져 더 이상 부패할 걱정도 배탈이 날 염려도 없습니다. 소화하기 쉽고 몸에 양분이 되어 먹는 것만으로도 몸에 좋습니다.

따라서 지성의 건강이라는 측면에서 멀리 내다본다면 기초가 되는 부분은 '말린 것'을 통해 견실하게 취하는 것이 좋겠지요. 그런 후에 필요에 따라 '날 것'을 받아들이면 좋지 않을까 합니다. 몇 번이고 말씀드리지만 특히 지금 이 시대는 바로 내일 무슨 일이 일어날지조차 알 수 없는 불확실성의 시대입니다. 이러한 시대인 만큼 더욱 의식적으로 '말린 것'을 취하는 데 신경을 쓰고 착실하게 고전에서 예지를 배워야 한다고 생각합니다. '역사를 통해 배운다'는 훌륭한 말이 있습니다. 그 이상의 견실한 지성은 없을 것입니다.

전문 분야에 따라 다르긴 하겠지만, 제가 전공한 정치학 분야에서는 '말린 것'과 '날 것'을 튜닝하는 능력이 중요합니다. 사회에서 연달아 일어나는 사건이나 사례의 심층을 재빠르게 읽어내고 제 안에 비축해둔 말린 지식과 연결 짓습니다. 학자들 중에도 튜닝을 잘하는 사람과 그렇지 못한 사람이 있습니다. '날 것'에만 주의를 빼앗겨버리는 경우도 있으며, 반대로 '말린 것'은 충실하게 저장되어 있으나 눈앞에서 일어나는 살아 있는 것들과의 관련성을 찾아내지 못하는 사람도 있습니다.

'날 것'의 액츄얼리티actuality를 '말린 것'의 지성에 재빠르게 튜닝하여 이 시대에 일어나는 다양한 문제의 배후에 감춰진 인과관계를 간파할 수 있다면 얼마나 좋을까요. 저는 앞에서 저널리즘(매스미디어)과 아카데미즘(대학) 사이를 왕복 운동하듯 왔다 갔다 하면서 일하고 싶다고 했는데요, 독서법도 이와 마찬가지입니다.

역경으로 좌절했을 때 읽는 책

그렇다면 이 불확실한 시대에 비즈니스 퍼슨 여러분이 꼭 한 번 읽어보셨으면 하는 추천 서적 다섯 권을 들어보겠습니다. 전부 고전이라, 즉 '말린 것'이라 언뜻 보기에는 비즈니스와 직접 관련이 없는 책도 포함되어 있습니다. 하지만 각각의 책에 대한 제 나름의 시각도 밝혀두겠으니 그 책들을 읽을 때 힌트로 써주시면 좋겠습니다.

먼저 빅터 프랭클의 『삶의 물음에 '예'라고 대답하라』 입니다. 프랭클은 1905년 오스트리아의 빈에서 태어난 유대인으로 나중에 정신과의사로 활동합니다. 어쩌면 이 책보다 나치의 강제수용소에서 겪은 체험을 쓴『밤과 안개』(국내에는 이 책의 일본어판을 중역한『밤과 안개』와 독일어 원서를 영어로 새롭게 쓴『Man's Search for Meaning』을 번역한『빅터 프랭클의 죽음의 수용소에서』가 각각 출간되어 있다-옮긴이)를 아시는 분이 더 많을지도 모르겠네요.

『삶의 물음에 '예'라고 대답하라』라는 제목만 보면 단순히 인생을 예찬하는 책처럼 보일 수 있지만, 이 말은 강제수용소에서 불리던 노래의 제목입니다. 그러니까 내일 어떻게 될지 알 수 없는 절망적인 상황에서 유대인들은 '삶의 물음에 예라고 대답한다'며 노래를 부른 것이지요. 프랭클은 이 노래를 굳이 책 제목으로 사용하여 역경을 견디는 삶의 방식을 우리에게 보여주는 것입니다.

앞에서도 언급했듯이 저는 구마모토 지진이 일어났을 때 재난 현장에서 우리가 개인의 힘으로는 어떻게 할 수 없는 일들이 빈번하게 일어나는 시대를 살고 있음을 새삼 느꼈습니다. 리먼쇼크처럼 세계 경제가 혼란스러워질 때도 그렇습니다. 자연 현상이건 인간 사회이건 예측할 수 없는 일들이 쉽게 일어납니다. 그런 것들이 역경이라는 모습으로 개인의 인생 위로 덮치듯 떨어져 내리는 것 같습니다.

　이러한 역경을 우리는 어떻게 마주하면 좋을까요. 그저 극복하면 될까요. 저는 싸워 이긴다는 말보다 굳이 더 강한 말로 표현하고 싶습니다. '서바이벌'입니다. 단순히 참고 견뎌내라는 뜻이 아닙니다. 일이 인생에 어떤 의미나 가치가 있을지 생각해보고 그것을 개인의 긴 인생 안에 자리매김하면서 적극적으로 살아냈으면 합니다. 바로 이것이 서바이벌의 의미입니다.

　인간이란 의미를 추구하는 존재이며, 인생은 살아가는 의미와 가치를 찾는 것이라는 메시지가 『삶의 물음에 '예'라고 대답하라』의 전체를 관통하고 있습니다. '인생에는 의미가 없다'라고 말하는 사람을 종종 만나게 됩니다. 하지만 그런 말을 한다는 것 자체가 실은 그가 인생에서 의미를 찾고 있기 때문인지도 모릅니다. 예를 들어 암에 걸려 여명이 몇 년밖에 남지 않았다고 선고받은 사람도 어떻게든 살아야겠다고 마음먹으면 그 기간을 넘어 연명하기도 할 정도로 사람은 의미를 추구하는 존재입니다.

　프랭클은 이를 니체의 '권력에의 의지'라는 말에 빗대어 '의미에의 의지'라고 부릅니다. 이 의미가 고갈되었을 때 인간은 쉽게 사그라지고 맙니다. 프랭클은 이와 가까운 체험을 강제수용소에서 했습니다. 그는 아무 탈 없이 건강하던 사람들이 수용소에 들어와 삶의 의미를 잃어버리고 너무 쉽게 죽어가는 것을 목격했습니다. 프랭클은 몸이 작고 비교적 마른 사람이었습니다. 하지만 그는 수용소를 몇 군데나 전전했음에도 무슨 연유에서인지 살아남았습니다.

이 책에는 "'내가 인생에 아직 무엇을 기대할 수 있는가'를 묻지 않습니다. 지금에서야 '인생은 나에게 무엇을 기대하는가'라고 물을 뿐입니다"라는 구절이 있습니다. 내 인생의 불우함을 한탄하는 것이 아니라 나에게 주어진 과제를 스스로 묻고 그것에 대답해나가는 것이 중요하며, 그것이 바로 삶이라는 뜻이지요.

삶을 통해 주어진 과제의 내용은 사람마다 다릅니다. 이 책에는 자기 일은 시시해서 의미를 찾을 수 없다고 말하는, 양복점에서 일하는 한 청년의 에피소드가 나옵니다. 프랭클은 이에 관해 "중요한 것은 자신의 위치, 자신의 활동 영역에서 얼마나 최선을 다하고 있는가일 뿐입니다. 활동 범위의 크기는 중요하지 않습니다. (중략) 개인의 구체적인 활동 범위 안에서는 한 사람 한 사람 모두가 다른 누군가로 대체될 수 없습니다. 누구든 그러합니다"라고 답합니다. 그러니까 모든 직업에는 각각 커다란 책임이 부여된 것이지요. 이를 깨달은 사람은 그 책임의 크기를 두려워하면서도 그 안에서 어떤 종류의 기쁨을 발견할 수 있습니다.

이 책은 비즈니스에 직접적인 도움을 주는 하우투북이나 삶의 방식을 시사하는 책이 아닙니다. 하지만 앞으로 비즈니스 퍼슨이 사회에서 일하며 갈등하거나 깊이 고민할 때 틀림없이 위안이 되어줄 책이라 생각합니다. 저 역시 이 책을 보고 많이 배웠으며 덕분에 오랜 힘든 세월을 견딜 수 있었습니다.

암울한 이야기 같아 죄송하지만, 이제 앞으로는 상승 일변도의 고도 성장기가 장기간 지속되는 행복한 시절은 두 번 다시 오지 않을 것입니다. 우리 생활은 극심하게 변할 것이며 언제 어떠한 곤궁에 처하게 될지 알 수 없습니다. 그런 불안을 마주하고도 일을 하고 나의 미션을 성취해가기 위해서는 닥쳐올 역경을 견딜 수 있게 해주는 어떤 토대가 반드시 있어야 합니다. 프랭클의 이 책은 일을 할 때 가장 기본이 되는 '나에게 일이란 어떤 의미인가'라는 물음에 답을 주면서 동시에 우리를 격려합니다.

자본주의 정신을 읽으라

이어서 소설책 두 권을 소개하겠습니다. 첫째는 다니엘 디포의 『로빈슨 크루소』입니다. 1719년에 간행된 이 모험소설은 항해에서 비바람을 만나 난파된 배에서 혼자 살아남아 섬에 표착한 선원 로빈슨 크루소가 그 섬에서 살아남기 위해 노력한 끝에 결국 구조되어 제 나라로 돌아간다는 이야기입니다.

소년소녀문고 카테고리에 들어갈 법한 소설을 왜 비즈니스 퍼슨에게 추천하는지 의아해하실지도 모르겠습니다. 물론 이 책은 외딴 섬에서 서바이벌해나가는 로빈슨 크루소의 '의사 체험'만으로도 재미있게 읽힙니다. 하지만 이런 역경의 시절에 대응하는 지혜를 찾는다는 면에서 볼 때도 도움이 되는 훌륭한 책이라 생각합니다.

제가 대학에 입학하고 얼마 되지 않아 경제사의 대가인 한 선생님의 수업을 들을 때의 일입니다. 그 선생님은 로빈슨 크루소야말로 자본주의의 시작을 체현한 인물이라고 자주 언급하셨습니다. 결국에는 그를 따르는 종자가 한 명 생기긴 하지만, 그는 남쪽 바다의 외딴 섬에서 마치 경영자처럼 자기 자신의 모든 것을 코디네이트하여 필요한 물건과 도구를 만들어내며 섬에서의 생활 방식과 시간 활용 방법을 결정해나갑니다. 무엇보다 자신의 손발을 노동자처럼 사용하며 어떻게 살지 궁리하고 일을 합니다. 이 작품에 바로 자본주의 정신의 원형이 나타나 있다는 것이지요.

실은 독일의 사회학자 막스 베버 또한 『프로테스탄트 윤리와 자본주의 정신』에서 로빈슨 크루소를 언급하고 있습니다. 그러니 자본주의의 정신을 이해하기 위해서는 『로빈슨 크루소』를 읽어보는 것이 도움이 될 것입니다. 조금 다른 맥락이긴 하지만 막스 베버에 관해서도 잠시 살펴보려 합니다. 막스 베버는 19세기 말에서 20세기 초엽을 살았던 20세기 최대의 사회과학자라 일컬어지는 인물입니다. 요즘은 학생이라도 그를 모르는 이들이 있을지 모르겠지만, 학생 운동이 활발하던 1970년대에는 사회주의를 비판하는 막스 베버가 '사회주의의 신'이라 불리던 마르크스의 대항마로 여겨져 '마르크스냐 베버냐' 하는 열띤 논의가 있었을 정도입니다. 두말할 필요도 없이 마르크스와 베버를 단순한 이항대립으로 논할 수는 없지만, 어쨌든 베버가 마르크스에 대항할 만한 '지知의 거인'이라는 데는 의심할 여지가 없습니다. 어떤 이들에게는 베버가 '성聖 막스'로 받들어지기도 했습니다.

베버는 '자본주의'라는 거대한 사회 시스템이 어떻게 시작되었는지, 즉 '자본주의의 과거'와 자본주의가 어떻게 발전 혹은 쇠퇴하여 어디로 가는지, 즉 '자본주의의 미래'에 대해 통찰하려 했습니다. 베버가 살던 19세기 말 ~20세기 초는 지금 우리 사회에 보이는 여러 가치관의 원형이 형성되던 시대였습니다. 산업과 과학기술뿐만이 아니라 종교관과 일부일처제의 가족관, 사회도덕, 윤리관, 평등한 인간관계의 규칙, 오락 같은 지금 우리가 표준이라 여기는 것의 거의 대부분이 그 시절에 만들어졌습니다. 베버는 사회학이라는 학문의 측면에서 이 문제들과 씨름한 것이지요.

자본주의는 끊임없는 이노베이션(혁신)을 필요로 합니다. 그렇기에 자본주의를 기반으로 하는 사회는 잠시도 정지해 있을 수 없습니다. 문제는 자본주의의 변화에 맞추어 사람도 변하지 않으면 안 된다는 것입니다. 변하지 못하는 사람은 속절없이 뒤쳐지고 맙니다. 이런 상황에서 사람이 무엇을 잃어서는 안 되는지 혹은 무엇을 잃을 수밖에 없는지를 사회학의 지평에서 바라본 사람이 바로 베버입니다.

『프로테스탄트 윤리와 자본주의 정신』을 읽으면 인간을 움직이는 동기가 어떻게 형성되며, 고도의 자본주의 사회가 어떠한 과정을 통해 실현되었는지 알 수 있습니다. 이 책은 서양 기독교 사회라는, 일본과는 구별되는 사회를 대상으로 하고 있으나 그 개별적인 차이를 넘어선 보편적인 진리 또한 얻을 수 있습니다. 만약 일이라는 행위에서 영혼이 빠져버리면 일은 그저 단순한 스포츠와 다를 바 없으며, 그 결과로 사회 전체가 폭주하는 기계처럼 변할 것이라는 베버의 시나리오는 마치 오늘날의 시장 주도 자본주의를 예견한 듯하여 새삼 감탄하게 됩니다.

자기 책임과 삶

베버가 『로빈슨 크루소』에 대해 길게 언급한 것은 아니지만, 『로빈슨 크루소』에서 자본주의 정신을 읽을 수 있다는 말은 사실입니다. 제가 대학을 다닌 지 벌써 40년도 더 지났지만 그동안의 시대 변화를 돌이켜보면 요즘이야 말로 더더욱 『로빈슨 크루소』를 읽어야 할 의미가 커지지 않았나 합니다.

예컨대 제가 20대였을 때는 '자기 책임'이라는 말은 거의 들어보지 못한 것 같습니다. 1980년대에 들어와서야 비로소 '자유화'나 '자기 재량권' 같은 말과 함께 '자기 책임'이라는 말이 쓰이기 시작했습니다. 이러한 변화는 우리 사회가 조직 안에서 평등하게 기회를 부여하는 학력 사회 모델에서 개인이 각자 자신의 일을 책임지는 개인 경력 모델로 서서히 이동해왔음을 잘 보여줍니다.

예전의 회사 조직에서는 일정한 규칙과 매뉴얼에 따라 행동하면서 개인이 거기에 조금 변화를 주는 것만으로도 어느 정도 역할을 수행할 수 있었습니다. 하지만 개인 경력 모델로 바뀌자 이제는 모든 것이 개인의 자유재량에 맡겨졌으며, 따라서 개인의 판단이 중요해졌습니다. 개인의 행동과 작업 프로그램, 나아가 라이프 스타일에 이르기까지 자기 자신을 편집하는 매니지먼트 능력이 없다면 일을 해나갈 수 없습니다.

따라서 여태까지 해왔던 방식을 고수하거나 다른 누군가와 같은 역할 수행을 하는 것에 그친다면, 그 사람은 좋은 평가를 받을 수 없게 되었습니다. 자기 재량권이 주어지면서 개인이 움직일 수 있는 범위가 넓어졌고, '나다움'을 발휘할 수 있는 자유도 커졌습니다. 자연스럽게 그에 따른 자기 책임이라는 것이 생겼습니다. 이러한 상황에도 부담을 느끼지 않고 잘 해나갈 수 있는 사람이라면 높은 평가를 받겠지만, 그렇지 않다면 낮은 평가를 받을 수밖에 없습니다. 이렇게 생각하면 오늘날의 젊은 비즈니스 퍼슨은 제가 속한 세대에 비해 훨씬 더 가혹한 환경에서 일하고 있지 않나 합니다.

이런 뜻에서 볼 때, 로빈슨 크루소는 정말로 죽느냐 사느냐 하는 상황에서 자기 재량과 자기 책임만으로 개인이 처한 상황을 극복해 보인 인물이라 하겠습니다. 크루소는 맨몸으로 남태평양의 외딴섬에 표착했기에 자기에게 닥쳐온 문제를 해결하기 위해서는 그 섬에서 구할 수 있는 것들, 즉 그곳에서 주어진 것들을 이리저리 짜맞출 수밖에 없었습니다. 이런 문제 해결 방법을 인류학에서는 '브리콜라주bricolage'라고 하는데요, 『로빈슨 크루소』에서는 이 브리콜라주가 살아남기 위한 힌트와 지혜로 자주 활용되는 것을 볼 수 있습니다. 어쩌면 『로빈슨 크루소』를 통해 지금 일본에서 가장 결핍된 것들을 배울 수 있을지도 모르겠습니다.

도쿄에 관하여

제가 소개하고 싶은 또 한 권의 소설은 바로 나쓰메 소세키의 『산시로』입니다. 이 책은 제목이 많이 알려진 데 비해 실제로 읽은 사람은 많지 않을지도 모르겠습니다. 10대 때 읽은 분이 많겠지요. 어릴 때 읽은 분들도 지금 비즈니스 퍼슨의 입장에서 다시 한 번 읽어보시길 바랍니다. 『산시로』에서 그리고 있는 등장인물과 배경이 놀라울 정도로 다른 시점에서 보일 것입니다. 이런 면 또한 독서의 묘미 중 하나입니다.

100년 전에 발표된 『산시로』는 이미 고전으로 꼽히는 문학작품이지만 원래 〈아사히신문〉의 연재소설로 쓰인 것이라 읽기가 아주 쉽습니다. 비즈니스 퍼슨에게는 이 『산시로』를 독특한 도쿄론으로서 추천하고 싶습니다. 일본에서 일을 하는 이상 수도 도쿄의 존재란 과연 무엇인지 자기 나름대로 파악해둘 필요가 있다고 생각합니다. 특히 2020년에 도쿄 올림픽과 패럴림픽이 개최될 예정이라 일본에서 도쿄란 무엇인지를 고찰할 기회가 다시금 대두되고 있습니다. 한편으로는 모든 것이 도쿄로만 집중되는 현상의 폐해 또한 지적되고 있으며, 초고령화와 인구 감소가 진행되는 가운데 중앙과 지방의 관계 또한 새롭게 바라보아야 한다는 논의도 활발해지고 있습니다. 일본은 무엇을 하든 '미국의 그림자'를 의식하지 않을 수 없습니다. 이와 마찬가지로 일본 열도 그 어느 지역에 살더라도 우리는 '도쿄의 그림자'를 의식하지 않을 수 없습니다. 그러니 어떤 일을 하든 도쿄라는 존재를 빼놓고는 생각하기 어렵다고 할까요.

소세키는 도쿄에서 태어나 제국대학 영문과를 졸업하고 마쓰야마와 구마모토의 학교에서 영어를 가르쳤습니다. 그런데 소설의 주인공인 '산시로'라는 이름의 청년은 소세키와는 반대로 구마모토에서 도쿄로 상경한다는 설정입니다. 구마모토 출신인 제게 이 작품은 아무래도 저와 산시로를 겹쳐서 읽게 되는 부분이 있습니다.

『산시로』가 신문에 연재되던 1908년 당시는 러일전쟁이 끝난 직후로 아직 들뜬 시대 분위기가 남아 있던 시절이었습니다. 구마모토에서 올라온 산시로의 눈에 제국의 수도 도쿄는 어떤 모습이었을까요. 도쿄에서 살아가는 사람들은 어떤 생태를 가지고 있었을까요. 이를 하나의 문학작품으로 정리한 것이 『산시로』입니다.

저는 『산시로』가 일본에서 처음으로 정리된 도쿄론이 아닌가 생각합니다. 도쿄에 관해 생각해야 할 때 저는 언제나 이 책을 펼칩니다. 『산시로』의 시대가 지나고, 도쿄는 1차 세계대전과 관동대지진, 2차 세계대전을 거치며 도시로서의 모습이 크게 바뀌어갑니다. 하지만 『산시로』를 읽으면 도쿄의 근본적인 구조는 변하지 않았음을 깨닫게 됩니다. 일상적으로 '스크랩 앤드 빌드scrap and build(전쟁으로 폐허가 된 도시는 다시 살아나 원래보다 더 커진다는 이론. 생산력 제고와 합리화를 목적으로 비효율적인 낡은 것을 정리하고 효율적인 새로운 설비로 대체할 때도 쓰인다-옮긴이)'를 통해 끊임없이 효율성을 높이고 이노베이션을 할 뿐입니다. 이것이야말로 자본주의의 축도라고 할 수 있을지도 모르겠네요.

요즘 일을 하다 보면 도쿄와 다른 지역의 차이점이나 지방 사람들이 도쿄에 대해 갖는 복잡한 심정 같은 것을 접할 때가 많습니다. 『산시로』를 통해 도쿄에서 일하는 사람은 자신이 어떤 장소에서 일하는지를, 지방에서 일하는 사람은 자신의 일과 도쿄-지역 간의 관계를 고찰할 수 있을 것입니다. 제가 비즈니스 퍼슨에게 전국 신문 하나와 지역 신문 하나를 나란히 읽으라 권한 것도 마찬가지 이유에서입니다.

소설의 첫 부분에서 상경하는 산시로가 열차에서 알게 된 히로타 선생에게 "이제부터 일본도 점점 발전하겠네요"라고 하자 히로타 선생은 내뱉듯이 "망할걸"이라고 대꾸합니다. "사로잡혀버리면 안 돼. 아무리 일본을 위해서라고 해도 지나친 편애는 독이 될 뿐이야"라고 합니다. 소설 속의 히로타 선생은 소세키의 분신 같은 인물로서 그가 '사로잡힌다'라고 말한 것은 '보다 크고 빠르고 강하게'라는 확대일로의 성장주의에 대한 맹신을 가리킵니다. 이는 성장형 사회를 대표하는 도쿄의 한계 혹은 자본주

자체가 가진 한계를 암시하는 동시에 현대 일본사회에서 느끼는 답답한 폐색감을 정확하게 예견한 듯한 말입니다. 도쿄적인 가치를 좋다고 봐야 할지 다시 한 번 곰곰이 생각해야 할 때 참고하기 좋은 책입니다. 성장형 사회 이외에 또 다른 어떤 대안이 있을지는 마지막 장에서 다시 한 번 생각해보도록 하겠습니다.

매니지먼트의 핵심

이제 비즈니스 서적으로 명망이 높은 책들을 살펴보려고 합니다. 먼저 미국의 경영학자 피터 드러커의 『매니지먼트』부터 보겠습니다. 이 책은 1973년 오일쇼크 무렵에 간행된 책인데 일본에서는 여전히 '에센셜 판'이라는 형태의 초역이 널리 읽힙니다.

드러커는 1909년 빈에서 태어난 오스트리아 사람입니다. 20대 후반에 미국으로 이주하여 경영학자로 활약했습니다. 그는 단순히 머릿속으로 잔재주를 부리는 경영론이나 매니지먼트론이 아니라 '더 좋은 사회는 무엇인가'라는 질문을 가지고 있었던 것 같습니다. 그런데 이는 한 마디로 전체주의에 대한 극도의 공포가 아니었나 싶습니다. 전체주의 사회는 모든 것을 획일화하고 이질적인 것은 배제하며 다양성을 인정하지 않기 때문입니다.

드러커는 『매니지먼트』의 첫 부분에서 매니지먼트가 수행해야 할 역할을 이렇게 정의하고 있습니다. "기업을 비롯한 모든 조직이 사회의 기관이다. 조직 자체를 위해서 조직이 존재하는 것이 아니다. 스스로의 기능을 다하여 사회 커뮤니티와 개인의 필요를 충족하기 위한 것이다. 조직은 목적이 아니라 수단이다. 따라서 문제는 그 조직이 무엇인지가 아니다. 그 조직이 무엇을 해야 하는지, 그리고 그 기능이 무엇인지이다."

드러커에게 선진국이란 조직 사회이며, 동시에 다양성을 잃기 쉬운 사회로 보였습니다. 그래서 다양성이 살아 있는 사회를 만들기 위한 실천 방법으로서 매니지먼트에 주목했습니다. 그러니까 매니지먼트란 단순히 물건이나 서비스, 사람을 효율적으로 잘 관리하기 위한 것이 아닙니다. 드러커는 일을 할 때 시대의 요구에 부응하는 성과를 어떻게 하면 획일적이지 않고, 유연함을 살리면서 만들어낼 것인가를 말하고 있습니다.

이 책에서 매니지먼트의 역할로 거론되는 것은 다음의 세 가지입니다. (1) 조직 특유의 사명을 다한다. (2) 일을 통하여 일하는 사람들이 생산적으로 성과를 낼 수 있게 한다. (3) 사회에 끼치는 영향을 스스로 인식하고 사회에 공헌한다.

이 책에서는 '사회 문제에 대한 공헌'을 여러 차례 언급하고 있습니다. "기업의 목적은 개별 기업 바깥에 있다. 기업은 사회의 기관이며 그 목적은 사회에 있다. 기업의 목적에 관한 정의는 하나밖에 없다. 바로 고객을 창조하는 것이다"라고 말입니다. 그리고 의외일지도 모르겠지만 여기에는 '이익'을 제일 중요하게 생각해서는 안 된다는 취지의 말도 있습니다. 드러커는 기업에 이익은 반드시 필요하지만 이는 목적이 아니라 조건에 지나지 않으며, "이윤 동기란 (중략) 해를 준다"라고까지 썼습니다.

기업의 진짜 목적은 사회와 개인의 요구와 욕구를 만족시키는 것입니다. 따라서 기업은 자사가 좋아하는 것이나 지금까지 만들어온 것, 나아가 단순히 팔리는 것을 만들어서는 안 되며 사회가 필요로 하는 것을 만들어야 합니다. 당연한 이야기지만 곱씹어볼수록 시사하는 바가 큰 진리입니다.

기본과 원칙에 충실할 것

이처럼 드러커는 철저하게 사회가 보여야 할 본연의 모습을 바탕으로 매니지먼트의 기본 과제가 무엇인지, 또 매니지먼트에 관여하는 이들이 어떤 책임을 가지고 어떤 실천적인 원리에 기초하여 경영에 임해야 하는지를 명쾌하게 서술하고 있습니다. 오늘날의 시각에서 보면 몹시 소박하고 원론적인 논의일지도 모르겠습니다. 하지만 다른 한편으로 비즈니스 퍼슨이 일을 하다가 주저하게 되거나 걸림돌을 맞닥뜨렸을 때 『매니지먼트』를 펼쳐본다면 분명 그 흔들림 없는 기본과 원칙에 '과연 그렇구나'라며 머릿속이 정리되는 느낌을 받을 수 있을 것입니다.

우리는 일이 잘 풀리지 않을 때면 금방 효과가 나타나는 특효약을 구하려는 욕심에 쉽게 하우투북을 찾아 기대곤 합니다. 그러나 하우투나 매뉴얼에 관한 책은 어떤 특정 시대나 업종에 도움이 될지는 몰라도 언제 어디서나 널리 통용되지는 않습니다. 『매니지먼트』를 읽으면 내 안에 비즈니스 전반에 대한 사고방식의 토대가 완성되는 감각을 느낄 수 있을 것입니다. 근본적인 사고방식을 먼저 배우고 거기서부터 출발하여 시대와 기업의 상황에 맞게 응용해나가면 됩니다.

한 가지 덧붙이자면 『매니지먼트』에서 배워야 할 것은 바로 '이노베이션'이 뜻하는 바입니다. 이 책은 '이노베이션을 이노베이션으로 만드는 것은 과학이나 기술 그 자체가 아니라 그것이 경제와 사회에 가져오는 변화다'라고 정의하고 있습니다. 이노베이션이란 단순히 기술적인 향상이나 혁신을 가리키는 것이 아닙니다. '절대로 있을 수 없으리라' 생각되는 것을 추구하거나 이제까지 존재하던 사물과 사물의 관계를 변화시켜 사람들 사이에 새로운 가치와 행동의 변화를 낳는 근본적인 변화나 영향을 가리킵니다. 요즘 미래 사회의 비전으로 자주 이야기되는 사물인터넷IoT(Internet of Things)은 사물과 사물의 관계에 변화를 주어 새로운 가치를 창조하려고 하는 사례에 해당합니다.

이 책에서는 이노베이션의 기회(역학)로서 방금 이야기한 세계의 움직임을 변화시키려는 시도 이외에 인구 구조의 변화나 사람들의 의식 변화 등 세계적인 동향에 대해서도 언급하고 있습니다. 또 이노베이션에 필요한 자세나 조직의 모습도 다루고 있습니다. 이러한 기본과 원칙에 대한 지식은 창조의 현장에 커다란 도움이 되리라 봅니다.

경제의 흐름 안에서 나의 일을 바라볼 것

다섯 번째로는 충분한 시간을 들여 꼼꼼하게 읽을 만한 책을 한 권 소개하고자 합니다. 바로 경제인류학자 칼 폴라니의 『거대한 전환』이라는 책입니다. 어쩌면 폴라니의 이름을 처음 접하는 분도 있을 것입니다. 칼 폴라니는 동유럽계의 유대인으로 1886년 빈에서 태어나 헝가리에서 자랐으며 나중에 영국으로 망명했고 이후 미국에서 활약했습니다. 『거대한 전환』은 2차 세계대전이 끝나기 한 해 전인 1944년에 간행된 고전적인 명저입니다. 저 또한 예전에 이 책을 읽고 커다란 영향을 받았습니다.

여러분 중에는 '드러커라면 차라리 이해가 된다. 어째서 바쁜 비즈니스 퍼슨에게 칼 폴라니 같은 별로 알려지지도 않은 학자의 책을 읽으라고 소개하는지 모르겠다.

명저라고는 해도 세계대전 중에 쓴 책이 21세기의 세계화된 경제 상황에 과연 도움이 될까?'라고 생각하는 분도 있을지 모릅니다.

비즈니스 현장에서는 바로 지금 눈앞에서 벌어지는 일에 대처하는 것만으로도 벅찰 터입니다. 그렇기에 내가 하는 일을 일반적인 의미의 경제 행위로서 객관적으로 바라보기란 무척 어려운 일일 테고, 그것을 경제사 안에서 조망하기란 아마 불가능에 가까울지도 모르겠습니다. 하지만 눈앞에 직면한 일과 시대를 거시적인 관점에서 바라보는 것은 매우 중요합니다. 만약 여러분이 지금 곤란한 상황에 직면했고 역경에 처해 있다면 더더욱 눈앞의 일에 급급해하지 말라고, 멀리 돌아가는 느낌으로 고전이라 불리는 책들을 펼쳐보라고 말씀드리고 싶습니다. 그렇게 하지 않으면 역경의 원인이 어디에 있는지 알 수 없고, 역경의 참된 의미조차 보이지 않을 것이기 때문입니다.

또 모두가 아무 문제없이 잘 돌아간다고 생각하는 때야말로 실은 시간이 흐른 뒤 돌이켜보았을 때 심각한 문제를 품고 있던 역사의 분기점임에도 당시에 미처 깨닫지 못하는 경우가 적지 않습니다. 예민한 직감력의 소유자라면 그런 상황에서 무언가 이상하다고 느낄지도 모르겠습니다. 하지만 그 감각을 말로 표현하고 분명하게 인식하기 위해서는 역시 긴 시간을 두고 바라보는 인문 지식의 관점이 필요합니다.

시장이 사회를 지배하게 된 까닭

폴라니는 『거대한 전환』이라는 책에서 유럽이 비교적 평화롭게 번영하던 1815년에서 1914년까지의 100년이 어떻게 1차 세계대전, 세계 대공황, 파시즘의 대두로 이어졌는지를 고찰합니다. 그리고 1930년대에 나타난 커다란 변화를 '거대한 전환'이라고 부릅니다. 언제, 어떻게 시장경제가 변화했으며 또 시장이 어떻게 우리 사회와 세계에 지배적인 힘을 가지게 되었는지를 설명하면서 사회와 개인, 시장과 국가 사이의 거시적인 상호관계를 입체적으로 그려내고 있습니다.

일상생활을 떠올려볼 때 시장경제의 복잡한 메커니즘이 우리에게 다양한 영향을 주고 있다는 점은 분명합니다. 외환과 금리의 변동에 따라 개인의 '라이프사이클'뿐만 아니라 국가 경제의 미래 또한 크게 변할 가능성이 있습니다. 저는 1달러가 360엔이던 고정환율제 시대를 잘 알고 있지만, 아마도 지금 젊은 분들이 철이 들었을 때는 이미 변동환율제로 바뀐 뒤였을 터입니다. 요즘은 해외로 나갈 때 달러는 얼마, 엔은 얼마라는 계산을 합니다. 하지만 이러한 삶의 방식이 존재하지 않던 시절이 있었습니다.

외환이나 금리의 커다란 변동은 국가 경제와 우리의 일상생활에 중대한 변화를 가져옵니다. 급격한 엔고円高 현상은 해외여행에 유리하지만, 그 반대라면 해외로 나가기 힘들어질 것입니다. 같은 관광업이라도 엔고일 때 일본인이 해외여행을 나가는 상황인가, 아니면 엔저가 되어 세계에서 일본으로 여행객이 들어오는 상황인가에 따라 기업이 취해야 할 대응은 크게 달라질 것입니다. 무엇보다 수출 관련 산업은 외환 환율이 1엔 변동하는 것만으로도 수백억 엔, 수천억 엔 단위의 거액이 왔다 갔다 합니다.

금리가 마이너스가 되면 은행에 맡겨둔 예금은 어떻게 되는지, 이자를 더 주는 금융상품에 투자하는 편이 나을지 등을 고민하는 분들이 있을 것입니다. 우리는 텔레비전이나 신문, 잡지 같은 매체에 나오는 경제 애널리스트나 경영 컨설턴트의 의견을 들으며 일희일비를 거듭하며 살고 있습니다. 하지만 뒤로 한 발짝 물러서서 어떠한 원리로 그런 일이 벌어지는지 알고 싶지 않습니까? 그러한 구조를 파악하는 데 도움이 되는 책이 바로 폴라니의 『거대한 전환』입니다.

우리는 일상에서 마치 내가 무엇이든 선택하고 결정하면서 살아가는 것 같지만, 냉정하게 바라보면 실은 거의 모든 것이 시장경제에 의해 결정되어 있다고 해도 과언이 아닙니다.

본래 시장은 사회 안에 자리 잡고 있어야 합니다. 하지만 언젠가부터 시장경제가 자기 목적화하여 시장 안에 사회가 들어와 있는 모양새가 되어버렸습니다. 폴라니는 그러한 '자기 조정적인' 시장이 공동체와 사람들 사이의 연대를 갈가리 찢고 분쇄하는 모습을 '악마의 절구'에 비유했습니다. 우리가 무슨 일을 하든, 어떤 일상생활을 보내든 시장의 동향에 좌지우지되며 시장에 물어보지 않고는 아무것도 할 수가 없습니다. 어떻게 보면 시장이 '익명의 신'이 되어버린 듯합니다. 예전에 시장은 사회의 일부였으나 지금은 사회가 시장의 일부가 되어버렸습니다. 그렇다면 이 역전 현상은 도대체 왜 일어난 것일까요? 『거대한 전환』은 이 수수께끼를 푸는 데도 분명 도움이 될 것입니다.

세계의 조류를 읽을 것

폴라니의 『거대한 전환』은 종전 직후에 출판되었기 때문에 당연하게도 2차 세계대전 이후의 변화에 관한 언급은 없습니다. 역사를 배운 다음에는 자기 나름대로 그것을 적용하여 오늘날의 시대를 생각해보는 것이 중요합니다. 전쟁이 끝나고 70년이 지났습니다. 그동안 세계 경제는 크게 변화했습니다. 역사적으로 보면 1944년 브레튼우즈협정으로 금본위제에서 벗어나 고정환율제가 되었으며 1973년에는 이것이 또다시 변동환율제로 바뀌었습니다. 변동환율제가 되면서 자본은 자유롭게 국경을 넘어 이동할 수 있게 되었는데, 이는 미국을 중심으로 하는 금융시장의 자유화와 비대화로 이어졌습니다.

하지만 가만히 생각해보면, 폴라니의 『거대한 전환』뿐

만 아니라 애덤 스미스의 『국부론』이나 칼 마르크스의 『자본론』 또한 금본위제 시대에 집필된 책입니다. 변동환율제는 자본주의의 역사에서 볼 때 아직 그 역사가 일천합니다. 오늘날 우리는 매일같이 엔-달러 환율의 변화에 동요하지만 실은 이 역시 최근 수십 년의 일입니다. 그러니 금본위제 시대를 제대로 이해하지 않는다면 왜 변동환율제로 바뀌었으며, 이것이 어떻게 작동하는지 알 수 없습니다.

역사를 안다는 것은 현재의 세계를 보는 관점으로도 이어집니다. 금본위제 시대에는 패권국이 있었습니다. 19세기 중반에서 20세기 초엽까지는 영국의 파운드에 의한 '팍스 브리타니카' 시대였습니다. 이후 두 차례의 세계대전을 거쳐 브레튼우즈체제가 되면서 세계 통화는 달러가 되고 패권은 미국으로 옮겨 갑니다. 그리고 국제통화기금과 세계은행에 의해 달러가 기축통화가 되어 오늘날에 이르렀습니다.

이러한 미국에서 왜 갑자기 도널드 트럼프가 등장한 것일까요. 영국은 왜 국민투표를 통해 EU 이탈을 선택한 것일까요. 오늘날의 세계에서는 이제껏 가지고 있던 상식으로는 이해할 수 없는 일들이 일어나고 있습니다. 하지만 폴라니 같은 사람들의 장기적인 관점을 빌린다면 이러한 일이 일어나는 의미 또한 조금씩 알 수 있을 것입니다.

재정적자와 무역적자라는 쌍둥이 적자를 안은 미국은 달러의 급격한 신뢰도 저하와 함께 패권국으로서의 지위가 상대적으로 약해지기 시작하던 차였습니다. 영국에서는 EU를 이탈하고, 그 대신 예전 대영제국의 유산인 영연방 네트워크를 재건하려는 움직임이 나올지도 모르겠습니다. 또 미국은 초강대국의 패권을 잃고 그저 보통의 대국으로 변할지도 모릅니다.

물론 이는 그저 추측에 지나지 않습니다. 하지만 앞에서도 말한 것처럼 비즈니스 퍼슨은 전차의 궤도가 바뀌는 역사의 '전철'을 알아채는 것이 중요합니다. 내 안에 하나의 명확한 좌표축이 있다면 시대의 변화를 재빠르게 포착하는 일이 불가능하지만은 않을 터입니다.

어떤 일에서건 경제 상황의 변화를 제대로 인식하지 못한다면 명확한 판단은 불가능합니다. 장기적인 전망 속에서 현재 자신의 위치를 읽어내지 못한다면 잘못된 판단을 내릴지도 모릅니다. 폴라니의 『거대한 전환』을 통해 현재를 사는 데 필요한 커다란 좌표축을 얻으시길 바랍니다.

즐거운 고전 읽기

역경의 시대를 살아가기 위해 꼭 읽어보셨으면 하는 고전은 이 밖에도 많습니다. 책을 고르는 데 힌트를 드린다는 느낌으로 가볍게 몇 가지만 말씀드리겠습니다.

정신론, 인생철학이라는 면에서는 공자의 『논어』가 재미있으며 비즈니스에 활용하기도 좋습니다. 또 신앙의 측면에서가 아니라 구원의 사상을 고찰한다는 면에서 『성서』를 읽어보는 것도 좋습니다. 특히 기독교의 영향이 강한 나라와의 비즈니스에 종사하는 분이라면 교양으로서 반드시 읽어두어야 합니다.

경제학적인 면에서는 존 메이너드 케인스의 『고용, 이자 및 화폐의 일반이론』, 애덤 스미스의 『도덕감정론』 등을 추천합니다. 케인스는 약간 난해하지만 리먼쇼크를 비롯하여 현재 경제가 돌아가는 모습에 더 이상 신뢰가 가지 않는 분이라면, 조금 어렵더라도 하나하나 꼼꼼하게 공들여 읽어볼 가치가 있습니다. 애덤 스미스의 책은 자본주의 경제활동과 관련하여 도덕의 문제를 고민할 때 아주 도움이 되는 책입니다. 혹은 존 케네스 갤브레이스의 『대폭락 1929』도 좋습니다. '버블경제'가 어떻게 생겨났으며 왜 몰락했는지, 또 지금도 폭주를 계속하는 '시장경제'의 무엇이 문제인지를 생각해보는 데 도움이 될 것입니다.

베버를 읽는다면 앞에서도 언급한 『프로테스탄트 윤리와 자본주의 정신』은 물론 『직업으로서의 정치』도 좋습니다. 이는 1차 세계대전에서 패전한 후 목표를 잃고 일탈 상태에 있던 학생들을 위한 강의록이므로 글로 쓴 것보다 평이하고 분량도 적어서 이해하기 쉽습니다. 『직업으로서의 정치』는 주로 정치윤리의 문제에 주안점을 두고 있으며, '정치가와 지도자가 같아서는 안 된다' 같은 정치의 기본에 관해 서술하고 있습니다. 그래서 이 책을 읽으면 시대와 장소는 다를지라도 현재 일본 정치의 무엇이 문제인지가 보이기도 합니다.

고전은 어떤 것이든 쉽게 읽히지는 않습니다. 이해하기 쉽고 재미있다는 것이 장점인 '날 것'과는 크게 다르다 하겠습니다. 몇 페이지 읽다가 그만 던져버리고 싶어지는 분도 적지 않을 것입니다. 소설이나 잡지가 아니니 머릿속에 쉽게 들어오지 않는 것은 당연합니다. 그러니 이해가 잘 되지 않더라도 바로 그만두지 말고 끝까지 읽어내도록 힘써볼 것을 권합니다. 한 번에 이해할 수 있을 것이라 생각하지 말고 주말 같은 때에 시간을 내서 진득하게 읽어보면 어떨까요.

물론 들을 때는 그럴듯한 것 같아도 막상 혼자서 독서를 하려면 어렵다는 분들도 있습니다. 그래서 저는 회사에 독서 모임을 만들고 대학 강사를 불러 강의를 듣는 방법을 권하고 싶습니다. 혼자서는 좌절하기 쉽지만 동료가 있으면 그렇지 않습니다. 전문가에게 무슨 뜻인지 제대로 배운다면 점점 재미가 더해져 지속할 수 있을 것입니다.

고전을 읽을 때는 내가 왜 그 책을 읽으려 하는지 '분명한 문제의식을 갖는 것'이 매우 중요합니다. 무엇이 되었든 일단 고전을 읽기만 하면 똑똑해질 거라 생각해서는 의미도 없고, 그런 독서는 오래 지속되지도 못합니다. 예를 들어 '왜 월급이 이렇게 줄었을까'라는 질문도 좋습니다. '나는 이렇게 열심히 일하는데 왜 평가받지 못하는 걸까'도 좋습니다. 자기 나름의 문제의식에 천착하면서 그

것과 물밑에서 연결되는 고전을 찾아 읽는 것입니다. '이 책을 이해하면 나를 괴롭히던 문제의 이유를 알 수 있다, 그걸 알기 위해서 이 책을 읽는다' 같은 뚜렷한 목적의식이 있다면 열성적으로 끈기 있게 읽을 수 있으리라 생각합니다. 어학을 배울 때와 비슷합니다. 1주일 만에 다른 언어를 마스터하기란 불가능합니다. 보통 몇 년은 걸린다고들 생각하지 않습니까? 그런 각오로 읽기 시작해보시기 바랍니다.

어떤 위인이라도 결국에는 인간입니다. 외계인이 아니니 전혀 이해할 수 없는 말을 할 리는 없습니다. 이렇게 생각하고 괜히 겁먹지 말고 도전해보시기 바랍니다. 맞붙어 싸워 이기려 하지 말고 거인의 어깨 위에 올라타 보세요. 도저히 이해하기 힘든 지금 이 시대를 건너기 위해서 거인의 지혜를 빌리는 것입니다. 이런 마음가짐으로 독서를 즐기시기 바랍니다. 다 읽고 나서는 꼭 '말린 것'과 '날 것'을 튜닝하시기 바랍니다. 독서의 성과를 여러분 각자의 일에 활용하시면 좋겠습니다.

역사 속
리더에게
배우라

인문 지식을 자유자재로 구사하자

이 험난한 역경의 시대에 우리가 시대의 흐름을 읽고 '구상력構想力'을 기르며, 우리의 꿈과 뜻을 실현해나가기 위해서는 어떻게 하는 것이 좋을까요? 저는 '역사'에서 그 힌트를 찾았습니다. 여기에서는 역사 속 리더에게 배우는 것이 어떤 의의를 지니는지 살펴보도록 하겠습니다.

우리 인생은 당연하게도 한 번뿐입니다. 이뿐만이 아닙니다. 모든 순간이 한 번뿐이니 실험도, 다시 도전하는 것도 불가능합니다. 하지만 과거에 일어났던 일, 즉 역사와 비교하거나 검토하는 것 혹은 역사를 적용하여 현재 상황을 분석하고 앞으로 일어날 일을 예측하는 것은 가능합니다.

미래를 읽는 데 필요한 '역사'에는 문자 그대로의 역사 history는 물론 더 넓은 의미의 '인문 지식'도 포함됩니다. 인문 지식이란 문학, 역사, 철학, 심리학, 종교학, 논리학, 미학 등 이른바 '인문학'을 뜻합니다. 세상의 모든 것이 순조롭게 흘러가고 장밋빛 미래만이 보이는 때, 그리하여 '얼른얼른 빨리빨리' 앞으로 나아가라는 진보주의에 젖어 있을 때는 자연과학을 중심으로 하는 실리적인 학문이 인기가 있었습니다. 이른바 '경세제민의 실학'입니다. 이러한 시대가 오래 지속되면서 언젠가는 '대학에 인문계 학과는 필요 없지 않은가'라는 말까지 나왔습니다.

지금 돌이켜보면 일에서도 개인 경력 모델이 널리 확산되면서 현장에서 즉시 활용할 수 있는 실리적인 학문에 대한 수요가 증가했고, 그 때문에 고등교육에서 인문학의 지위가 더욱 낮아진 듯합니다. 교양을 익히기보다는 스킬을 쌓는 것이 좋은 평가를 받기 때문에 비즈니스 퍼슨으로서는 실리적인 학문을 선택하는 것이 당연해 보입니다.

하지만 이제까지 살펴본 것처럼 '내가 왜 이 일을 하는가', '이 일을 하면서 나는 어떤 방식으로 살아가려 하는가'를 생각해본다면 이러한 가치 판단을 위해서는 인문 지식이 필요합니다. 모두 막연하게나마 이 혼미한 시대를 타개하기 위해서는 실리적인 학문만으로는 불가능하며 인문 지식이 필요하다고 여기고 있지 않나 싶습니다. 실제로 일의 여러 가지 국면을 곰곰이 생각해본다면, 사람과 사람이 만나는 일에는 더욱이나 인문 지식이 필요합니다. 그룹 안에서 리더십을 발휘하는 것도 스킬이라면 스킬이겠지만 여기에는 자주 '인간성'이라는 요소가 들어갑니다. 인문학적 교양이 뒷받침된 사려 깊음이야말로 리더에게 필요한 면모가 아닐까요? 또한 많은 사람들을 관리하는 리더라면 주위 사람을 설득하고 이해시키는 일종의 변론술 같은 것도 필요합니다.

고대 그리스, 로마 이래 인간 사회의 통치를 위한 예지는 인문 지식이라 여겨졌습니다. 그렇기 때문일까요. 유럽의 뛰어난 정치가 중에는 인문계 지식인이 많습니다. 예를 들어 노벨문학상을 받은 영국의 윈스턴 처칠이 그렇습니다. 프랑스의 샤를 드골 정권에서 오랫동안 문화부 장관을 역임한 앙드레 말로 역시 뛰어난 인문계 지식인입니다. 왜 이런 경향이 있을까요? 유럽에는 '인간'을 이해할 수 없으면 '인간'을 다스릴 수 없다는 사고방식이 있기 때문입니다. 유럽에서는 인간을 절대 하나로 표준화할 수 없으며 예측 불가능한 존재로 여겼습니다. 그런 인간을 잘 다스리기 위해서는 폭넓고 유연한 지성이 필요하다고 보았던 것이지요.

덧붙이자면 이와는 대조적으로 사회주의권에서는 자연과학도 출신의 정치가가 최고 지도자가 되는 경우가 많다고 합니다. 예를 들어 구소련의 스탈린, 중국의 장쩌민,

시진핑 같은 사람도 자연계 출신입니다. 일률적으로 꼭 그렇다고는 할 수 없지만 사회주의가 엄격한 논리를 따르고 계획적이며 환원주의적인 입장을 가지고 있으므로 이과적인 발상이 익숙한지도 모르겠습니다.

사람이 무엇을 중요하게 볼지, 무엇을 버릴지 등을 결정할 때는 매우 다양한 선택지가 있습니다. 리더는 경제적 가치, 이론적 가치 혹은 미적 가치 등 무수히 많은 가치 가운데 무엇을 우선시할지를 결정하여 지휘하고 배분해야 합니다. 뿐만 아니라 시대의 새로운 가치를 발견해내고 그러한 가치를 창조하는 능력도 갖춰야 합니다. 그렇기 때문에라도 인문 지식이 필요한 것이지요.

이처럼 자기 안에 풍부한 인문 지식이 쌓여 있으면 그것은 시대의 흐름을 읽는 눈이 되어줍니다. 또 무엇을 할지 말지를 결단하는 힘도 되며, 지금 무엇을 만들어야 할지를 묻는 창조성의 원천이 되기도 합니다. 아무런 비전 없이 시대의 흐름에 편승하는 것만으로도 발전을 거듭하던 시절이라면 이런 문제를 그리 예민하게 받아들일 필요가 없을지도 모릅니다. 하지만 이제는 예전 방식이 통하지 않는 세상입니다. 바로 그 때문에 인문 지식의 중요성이 한층 두드러진다고 하겠습니다.

미국 건국의 아버지, 벤저민 프랭클린

여기에서는 제가 큰 감명을 받았고 아마 여러분께도 참고가 될 역사 속 리더들을 소개하고자 합니다. 일과 관련해서는 기업인 리더를 선택했습니다. 풍부한 창조성과 강한 추진력으로 곤궁의 시대를 헤쳐 나가는 길을 적확하게 찾아냈던 리더들을 살펴보면 인문 지식의 깊은 효용과 함께 다양한 교훈과 힌트 또한 얻을 수 있을 것입니다.

제일 먼저 소개하고 싶은 사람은 벤저민 프랭클린입니다. 프랭클린은 미합중국 건국의 아버지라고도 불리는 정치가로 여러분도 많이 들어보셨을 것입니다. 그는 원래 인쇄업으로 성공한 사업가였습니다. 또 과학 분야에서 자주 거론되는 에피소드인 연을 날려 벼락이 전기임을 입증한 실험으로도 잘 알려진 다재다능한 인물이었습니다.

그의 유명한 책인 『벤저민 프랭클린 자서전』은 일본에서도 전쟁 전부터 오늘날에 이르기까지 많은 사람들이 읽었습니다. 이 책은 프랭클린이 태어나 자라서 입신출세하기까지의 과정을 기록한 것으로, 다소 허세가 있지만 금전 관계에서 이성 관계에 이르기까지 꽤 적나라한 내용을 담고 있습니다. 무엇보다 오늘날의 비즈니스 퍼슨에게 도움이 될 만한 교훈이 여기저기 많이 흩어져 있으므로 그것만 챙겨 보더라도 상당히 즐겁게 읽을 수 있는 책입니다.

벤저민 프랭클린은 1760년 보스턴에서 태어났습니다. 그의 아버지는 영국 출신 이민자였습니다. 프랭클린은 어린 시절 읽고 쓰는 법을 배워 10대 시절에는 그 지역에서 형이 하던 인쇄업을 도우며 기술을 배워 인쇄공으로 일했습니다. 머지않아 그는 집을 나와 런던으로 건너가게 됩니다. 거기에서도 그는 인쇄공과 식자공으로 일했습니다. 20대에 프랭클린은 필라델피아에서 본격적으로 인쇄업을 시작했는데, 신문을 발행하여 대성공을 거둔 것도 바로 이때였습니다.

프랭클린은 인맥을 이용하여 각지를 돌아다니며 인쇄 기술을 조금씩 습득하고, 독학으로 학문을 익히며 언젠가는 사회에 도움이 되는 큰 사업을 하겠다는 야심을 품습니다. 그런 프랭클린의 모습이 제게는 매우 인상적이었습니다. 프랭클린이 살던 시대는 18세기 전반으로 영국에서 산업혁명이 시작되기 조금 전이었습니다. 그러니 관점에 따라서 그는 자본주의 정신을 잘 드러내는 인물로 읽힐 수도 있습니다. 이 자서전은 종교 윤리에서 경제 윤리로 사회의 축이 이동하는 과도기의 전형적인 성공 이야기입니다. 바로 그렇기 때문에 자본주의 안에서 일을 한다는 것이 무엇을 뜻하는지, 또 야심가와 유혹이 많은 세상에서 어떻게 하면 나를 잘 갈고 닦아 사회에 필요한 일을 할 수 있을지 깨달을 수 있습니다.

셀프메이드의 모범

사실 제가 프랭클린에 관심을 가지게 된 계기는 앞서 언급한 베버의 『프로테스탄트 윤리와 자본주의 정신』을 통해서였습니다. 이 책에 프랭클린의 말이 인용되어 있었던 것이지요.

"시간은 돈이다Time is money"라는 유명한 구절은 바로 프랭클린이 한 말입니다. 베버의 책에서는 다음과 같이 프랭클린의 말을 인용하고 있습니다.

"시간이 화폐라는 것을 잊어서는 안 된다. 하루의 노동으로 10실링을 벌 수 있었는데, 외출하거나 실내에서 게으름을 피우는 바람에 반나절을 보내버렸다면 오락이나 게으름 때문에 단지 6펜스밖에 쓰지 않았다 해도 이것을 계산에 넣어서는 안 된다. 사실은 그 외에도 5실링의 화폐를 지불했다고 할까, 아니 오히려 내다버린 셈이다."

"시간은 돈이다"는 단지 시간 관리만의 문제가 아닙니다. 베버는 앞의 인용문에 이어서 이런 내용도 소개하고 있습니다.

"한 마리의 암퇘지를 죽이면 거기서 태어날 새끼 돼지를 1000세대에 이르기까지 다 죽이는 것이 된다. 5실링의 화폐를 죽이면 그것으로 벌어들일 수 있었던 모든 화폐, 즉 수십 파운드의 화폐를 전부 죽이는 셈이 된다."

이는 비유를 사용하여 검약과 절제 의식을 강력하게 설파하는 말이라 하겠습니다. 잘 생각해보면 여기에는 사업가로서의 가르침뿐만이 아니라 일종의 윤리관 또한 내재해 있음을 알 수 있습니다. 이는 기독교적 사고방식을 바탕으로 하는데 '인간이 자기 자신을 어떻게 다루어야 하는가'라는 부분에 적용되는 도덕이라 하겠습니다.

이러한 관점에서 프랭클린의 자서전을 읽는다면 그의

윤리관이 그냥 주어진 것이 아니라 자기 신변에 일어난 여러 다양한 일을 체험하면서 스스로 반성하고 노력하는 가운데 조금씩 몸으로 익힌 것임을 잘 알 수 있습니다. 이 책에서는 시간을 얼마나 효과적으로 사용해야 성공할 수 있는지도 깊이 있게 이야기하고 있습니다.

프랭클린은 실제로 다음과 같이 하루하루를 보냈다고 합니다. 오전 5시에 기상하여 8시까지 세수, 기도, 하루 계획 세우기, 결의, 연구 수행, 아침식사로 시간을 보냅니다. 8시부터 12시까지는 일을 합니다. 12시부터 오후 2시까지는 독서, 장부 체크, 점심식사를 하고, 2시부터 6시까지 또 일을 합니다. 6시부터 10시까지 정돈, 저녁식사, 음악, 오락, 잡담, 하루의 반성을 합니다. 수면은 밤 10시부터 아침 5시까지입니다.

지금의 관점에서 봐도 프랭클린은 매우 효과적으로 시간 관리를 했습니다. 프랭클린이 살던 시대는 18세기입니다. 그가 작성한 꼼꼼하고 상세한 일과표는 몹시 강한 의식과 의지가 없다면 절대 실행할 수 없는 것이었습니다. 이는 제가 프랭클린의 자서전을 처음 읽었을 때 특별히 감탄한 부분이기도 합니다. 당시 자본주의 정신의 핵심이 이런 계획성으로 멋지게 구현되었다고 느꼈습니다. 원래 가난한 집에서 자라나 좋은 학교를 다니지 못한 그는 가정에서 읽고 쓰는 법을 배웠으며, 독서 방법과 인쇄업에 관한 지식 등 모든 것을 스스로 익혀야 했습니다. 독립적이고 독보적인 데다 기본적으로 셀프메이드의 발상으로 살았습니다. 결코 특별한 일이 아니라 누구든지 마음만 먹으면 할 수 있는 일을 매일매일 실천하여 성과를 올렸다는 점을 잊어서는 안 됩니다.

프랭클린은 사업을 일으키고 일을 진행하는 가운데 이 모든 것을 '도덕적인 완성으로 귀결시키자는 대담무쌍하고도 곤란한 계획'을 세웠습니다. 기록에 의하면 그는 그때까지 읽은 책을 참고하면서 최종적으로 '절제, 침묵, 규율, 결단, 절약, 근면, 성실, 정의, 중용, 청결, 평정, 순결, 겸양'이라는 13항목에 걸친 계율(덕목)을 만들고 이것들을 어떻게 하면 몸에 익힐 수 있을지를 궁리하면서 시간을 보냈다고 합니다.

이러한 사고방식의 근간에는 인간은 연약하기 때문에 제대로 된 덕목을 만들어 하나라도 좋으니 실천해나가자는 자세가 있었습니다. 아마도 수도원의 생활 규율에서 힌트를 얻었으리라 생각됩니다. 실제 일에도 도움이 되는 절제, 근면, 성실 같은 항목이 있어서 그의 윤리관을 뒷받침하고 있습니다. 그렇기 때문에 이 덕목들은 단순히 남에게 보이기 위한 것이 아닌 '내 삶의 방식'으로 이어졌던 것입니다. 그 결과 그는 개인적인 생활에서도, 또한 일에서도 풍요로워졌고 결국에는 성공에 이를 수 있었습니다. 지극히 평범한 사람이 어떤 방식으로 사업을 성공시키고, 자신의 사회적 사명을 깨달아 사회에 공헌하겠다고 결심할 수 있는지를 프랭클린의 자서전은 잘 보여주고 있습니다.

사회와의 접점을 잊지 않을 것

프랭클린은 일찍부터 사회에 도움 되는 일을 하리라는 뜻을 품고 있었습니다. 사업이 궤도에 오르자 그는 도서관과 대학을 설립했습니다. 또 마을을 방어하고 도로를 정비하기 위한 조직을 만드는 데 헌신했으며, 스토브와 램프를 개량하는 등 사람들의 생활을 향상시키기 위해 온 힘을 다했습니다. 아무리 작은 일이라도 그 일이 사회나 인간과 어떻게 이어지는지를 잊지 않았습니다. 드러커의 표현을 빌리자면 프랭클린은 '사회의 요구를 충족시키기 위하여 조직(기업)이 존재한다'는 것을 깊이 인식하고 있었습니다.

그는 이른바 축적 그 자체를 위한 자본 축적에는 의미가 없다고 생각했습니다. 자본의 자동 기계가 되는 것을 거부하고 자기 사업이 사회의 어디에 자리매김될지, 또 어떻게 하면 사회의 요구에 응할 수 있을지 끊임없이 생각하고 행동했습니다. 프랭클린이 살았던 시대가 '자본주의의 요람기'라 불리는 어려운 시대였음을 저는 강조하고 싶습니다. 당시는 모범이 될 만한 비즈니스 모델 없이 새로운 규범과 규칙이 사회에 침투하던 시기였습니다. 그러한 가운데 프랭클린은 성서와 철학 서적을 통해 시대의 흐름에 부합하는 '일에 대한 윤리관'을 키웠습니다. 동시에 문학과 정치 등 독학으로 익힌 인문적인 소양을 일에 활용하기도 했습니다.

그는 인쇄업을 하면서 신문을 발행했습니다. 자신이 발행하는 신문에 직접 날카로운 논평을 기고하기도 했는데 그 논평이 좋은 평가를 받아 사업을 확대해나갈 수 있었습니다. 아마도 폭넓은 독서 체험에서 영감을 얻었을 것입니다. 프랭클린은 동서고금의 금언이나 속담을 모은 일력(하루하루 뜯어내는 달력 같은 것)을 출판하여 베스트셀러로 만들었습니다. 좁은 전문 영역 안에 머무르지 않고 광범위한 지식을 자신의 전문 분야에 섬세하게 연결하여 비즈니스의 가능성을 넓혀간 것이지요. 인문 지식은 이렇게 새로운 발상과 착상의 원천이 될 수 있습니다.

지금은 자본주의적인 영리 활동이 사회와의 접점을 잃기 쉬운 시대입니다. 프랭클린이 비즈니스와 매니지먼트에 관해 고민하면서 항상 사회와 연결되는 지점을 의식했다는 부분은 매우 인상적입니다. 이 자서전은 미국다운 성공 신화이기도 하지만, 프랭클린을 바람직한 자본주의 정신의 체현자로 본다면 비즈니스 퍼슨이 배울 점이 많은 고전이라고 저는 생각합니다.

일본의 리버럴리스트, 이시바시 단잔

다음으로는 이시바시 단잔에 관해 살펴보고자 합니다. 이제는 이시바시 단잔이라는 이름을 듣고 그의 프로필을 줄줄 읊을 수 있는 사람은 거의 없을 것 같습니다. 하지만 단잔이야말로 진정한 의미에서 빼어난 인문 지식을 가진 인물이며, 또한 시대의 흐름을 읽는 눈을 기르려면 어떻게 해야 할지 고민할 때 참고할 만한 선인으로 비즈니스 퍼슨이라면 꼭 알아두어야 할 가치가 있다고 생각합니다.

단잔은 1884년(메이지 17년)에 태어나 전쟁 전의 혼란과 고난의 시기에 동양경제신보사에서 저널리스트로 활약한 인물입니다. 전쟁이 끝난 후에는 정치가로서 국정에 온 힘을 쏟았습니다. 1956년 자유민주당 초대 총재이자 수상인 하토야마 이치로가 은퇴한 후, 기시 노부스케와 총재 자리를 두고 다툰 끝에 자유민주당 총재이자 일본 수상이 됩니다. 하지만 취임 직후 뇌경색으로 인해 아주 짧은 기간 만에 사임하고 말았습니다.

단잔은 도쿄 아자부에서 태어났습니다. 단잔의 부친은 일본 불교의 한 종파인 니치렌슈日蓮宗의 승려였는데 그가 한 살 때 야마나시현에 있는 어느 사찰의 주지스님이 되는 바람에 단잔은 야마나시현에서 어린 시절을 보냈습니다. 열 살이 되던 해 부친은 시즈오카현의 사찰로 자리를 옮기지만, 단잔은 살던 지역의 한 사찰에 혼자 맡겨지게 됩니다. 그리고 다음 해 야마나시현립 진조중학교(현재의 야마나시현립 고후다이이치고등학교)로 진학합니다. 어려서부터 혼자 살았기 때문인지 단잔은 어떤 면에서는 자유분방하게 자라났고 학교에서는 낙제를 하기도 하는 열등생이었다고 합니다.

『단잔 회상』을 읽어보면 단잔이 어떤 사람이었는지 잘 알 수 있습니다. 이 책에서 단잔은 자신이 실은 승려의 길을 걷도록 교육받아야 했으나 부친이나 단잔을 맡아 키워준 스승에게서 장래의 직업을 어떻게 하라는 말을 단 한 마디도 들어본 적이 없다고 말했습니다. "하지만 나는 스스로 주위의 감화를 받아 종교인이나 교육자 같은 종류의 직업을 선택하는 방향으로 향하고 있었다"고 합니다.

당시 진조중학교의 교장 오오시마 마사타케는 클라크 박사(윌리엄 스미스 클라크, 삿포로농학교에서 학생들을 가르친 미국인 농업 교육가-옮긴이)의 가르침을 받은 인물로 단잔도 그 영향을 받았습니다. 고후다이이치고등학교에는 단잔이 쓴 'Boys, be ambitious'라는 글씨가 아직 남아 있습니다. 그런데 단잔은 입시공부에만 매달리는 편은 아니었기 때문에 다이이치고등학교(현재의 도쿄대학)에 두 번이나 떨어졌으며 스무 살에 와세다대학 고등예과에 입학하고, 이후 동대학 학부 문학과(현재의 문학부) 철학과에 진학합니다. 『단잔 회상』에서 스스로도 "심하게 공부를 안 하는 인간"이라고 썼지만 대학 시절에는 당시 미국의 실용주의 철학을 공부했으며 수석으로 졸업시험을 통과했다고 합니다.

실제로 단잔은 철학이나 문학에 조예가 깊었을 뿐만 아니라 수많은 논평 또한 남겼습니다. 뒤에 『이시바시 단잔 전집』이 간행되는데, 정치가의 전집이 나온 예는 세계적으로도 드문 일이라 생각합니다. 이는 단잔이 인문 지식을 풍부하게 가지고 있었다는 증거겠지요.

독학으로 경제학을 공부한 단잔

1922년 대학 졸업 후 단잔은 동양경제신보사에 입사합니다. 저는 예전부터 단잔이 어떻게 경제학을 혼자서 공부할 수 있었는지 궁금했습니다. 그는 대학에서 철학과 문학을 공부한 사람입니다. 그런 그가 갑자기 경제 전문지인 동양경제신보사에 취직하여 저널리스트로 활약하더니 나중에는 동양경제신보사의 주간, 사장에까지 올라 갔습니다. 게다가 전쟁이 끝나자 제1차 요시다 시게루 내 각에서 대장성 대신을, 제1차 하토야마 이치로 내각에서 는 통상산업성 대신을 역임할 정도였습니다. 『단잔 회상』 에는 단잔이 아마노 다메유키의 『경제학 요강』, 에드윈 셀리그먼의 『경제학 원론』, 아놀드 토인비의 『18세기 영 국 산업혁명 강의』 등의 경제학 책을 모아서 공부하는 모 습이 그려져 있습니다.

저는 언젠가 도쿄 신주쿠 시모오치아이에 있는 이시바 시 단잔의 집을 방문한 적이 있습니다. 거기에는 단잔 생 전의 서재가 남아 있었습니다. 서재에는 제법 커다란 서 고가 두 개나 있었는데, 거기에 앨프리드 마셜의 『경제학 원리』, 케인스의 『고용, 이자, 화폐의 일반이론』, 존 스튜 어트 밀의 『경제학 원리』 같은 원서가 있었습니다. 책들 을 꺼내 들춰보니 놀랍게도 그 안에는 메모가 빼곡하게 들어차 있었습니다. 단잔은 마르크스의 『자본론』도 영어 로 읽은 듯했습니다.

단잔이 정치가가 되어서도 밤 9시에는 반드시 집으로 돌아와 몇 시간이고 책을 읽으며 공부를 했다는 손자의 증언에 저는 조용한 감동을 느꼈습니다. 그런 단잔이 동양경제신보사에서 일하던 20세기 전반에는 세계열강과 일본이 제국주의를 통한 식민지 확대를 목표로 하고 있었습니다. 이에 반해 단잔은 1차 세계대전 이후의 파리강화회의(1919)의 영향을 받아 '대일본주의의 환상'이라는 제목의 비평을 〈동양경제신보〉에 싣는 등 '소일본주의'를 제창했습니다. 이는 선배인 미우라 데쓰타로의 입론을 계승, 발전시킨 것이었습니다.

'소일본주의'라는 말은 일본이 작아진다는 뜻이 아닙니다. 당시 일본은 타이완, 조선, 사할린에 식민지를 가지고 있었는데 단잔은 이러한 식민지 경영이 수지가 맞지 않는다고 생각했습니다. 일본이 영지를 획득하여 판도를 넓힐 것이 아니라 식민지를 내려놓고, 세계의 모든 나라와 국교를 회복하고 자유무역으로 이익을 얻는 것이, 그리고 평화를 지향하며 소일본주의로 살아가는 것이 부국으로 이어지는 길이라고 주장했습니다. 이는 사회주의적인 발상은 아니었습니다. 오히려 민주주의와 자유주의, 나아가 제국주의가 이제 한계에 다다랐음을 꿰뚫어본 리얼리즘에서 나온 발상이었습니다. 패전 후 일본은 실제로 식민지를 포기하고 '무역입국'을 목표로 재출발하게 됩니다. 단잔은 다이쇼 말기에 이미 이를 예견했나 싶을 정도의 의견을 개진한 것입니다. 단잔의 선견지명에는 경탄을 금할 수가 없습니다.

덧붙이자면 당시 시대 상황에서는 이러한 사상이 몹시 과격해 보였기에 단잔은 당국의 주시를 받아야 했습니다. 하지만 동양경제신보사의 사장이 된 그는 전쟁이 끝날 때까지 폐업하지 않고 회사를 계속 유지했습니다. 바로 여기에도 단잔의 리얼리즘적인 면이 작동했다고 저는 생각합니다. 그는 당국의 감시를 피하기 위해 완곡하고 간접적인 표현으로 시세를 논하며 아슬아슬하게 회사를 지켜냈습니다. 기업인으로서도, 리더로서도, 또 이상과 현실의 타협이라는 면에서도 고개가 절로 끄덕여진다 하지 않을 수 없습니다.

구상력과 비전

단잔은 시류를 정확하게 읽는 눈을 가졌습니다. 그는 애덤 스미스로부터 마셜에 이르기까지 신고전주의 경제학을 독학으로 익혔습니다. 마르크스 또한 빼놓지 않고 읽었는데 이는 단잔이 세계의 커다란 흐름을 알고 있었다는 증거라고 생각합니다. 뿐만 아닙니다. 자신의 생각을 소일본주의라는 비전으로 묶어내는 힘 또한 지니고 있었습니다. 그리고 지금까지 보이지 않았던 비전을 평론이라는 형식으로 사람들에게 전하고, 일본 사회에서 여론(퍼블릭 오피니언)의 형태를 만들었습니다.

비즈니스 퍼슨이 단잔에게 배워야 할 점 중 하나는 그의 구상력이 아닐까 생각합니다. 신고전주의 경제학, 실용주의, 자유주의 등 각각의 개별 요소는 누구나 알고 있는 지식입니다. 하지만 그 요소들을 조합하여 선진적이고 합리적인 비전을 만들어냈다는 사실이 대단한 것이지요.

단잔의 행보에서 살아있는 인문 지식을 느낄 수 있는 부분은 바로 다음과 같은 모습입니다. 철학과 문학을 공부하던 단잔이 〈동양경제신보〉의 저널리스트가 되어 이전까지는 낯설었던 통상이나 무역 등 경제 분야에서 정치 분야에 이르기까지 전부 독학으로 익혔습니다. 인문 지식의 강점은 직감적으로 구상하는 능력을 키워준다는 것입니다. 단잔은 밤늦게까지 책을 읽고 고전을 공부하면서,

동시에 시사 논평을 쓰고 발표하는 작업을 반복했습니다. 자기 스스로 학습한 요소를 조합하여 현실 경제를 어떻게 읽을지 수련해온 것이지요.

여기서 중요한 부분은 경제학의 명제를 응용하거나 기존의 일을 재구성할 때 살아 있는 경제를 얼마나 이해하고 있는가입니다. 고전을 공부하여 그 지식을 가진 사람은 얼마든지 있습니다. 하지만 고전을 자기 눈앞에서 일어나는 일에 적용할 수 있는 사람은 그리 많지 않습니다. 단잔처럼 '날 것'과 '말린 것'의 세계를 열심히 왕복 운동하는 사람은 흔치 않을 것입니다. 이러한 일이 누구에게나 바로 가능하지는 않습니다. 그럼에도 평소에 이 둘을 의식적으로 연결해보도록 합시다. 그 시도만으로도 많은 것이 달라지리라 생각합니다.

기본과 원칙에 철저했던 정치가

비즈니스 퍼슨이 단잔에게서 배워야 할 점을 한 가지 더 들어보겠습니다. 그것은 바로 평소에 단잔이 기본과 원칙을 잊지 않았다는 점입니다. 이 부분은 피터 드러커와도 통하는 지점입니다. 가장 심플하고 합리적인 관점에서 복잡한 문제를 본다. '대일본주의하에서 식민지를 운영하는 것은 정말로 이익이 될까? 이익이 없는 것은 아닐까? 이익이 없을 뿐이 아니다. 세계의 동향이 분명하게 탈제국주의로 돌아서고 있는 시점에 일본이 제국주의 노선으로 내닫는다면 대체 어떤 일이 생길까?' 단잔은 아주 기본적인 부분에 의문을 가졌습니다. 또한 리버럴리스트였던 단잔은 일본이 자유무역을 통해 세계 여러 나라와 관계를 맺어야 한다는 흔들리지 않는 신념이 있었던 것 같습니다.

1956년 전쟁이 끝나고 단잔은 수상의 자리에 오르지만 취임 후 얼마 되지 않아 뇌경색으로 쓰러지고 결국 사임하게 됩니다. 몸을 회복한 뒤에는 중국과 일본의 국교를 회복하기 위해 온몸을 바칩니다. 단잔은 1959년 당시 국교가 없었던 중화인민공화국을 방문하여 저우언라이 총리와 회담을 갖고, 다음 해인 1960년에 대중무역 재개의 가교 역할을 합니다.

당시 기시 노부스케 정권(1957~1960)은 미국과의 관계를 중시하여 아시아 여러 나라나 소련과의 외교 또한 중시해야 한다는 단잔과 반대 입장을 취하고 있었습니다. 단잔은 이 문제에서도 기본과 원칙으로 돌아가 신념을 굽히지 않고 중국과 일본이 국교를 회복해야 한다는 입장을 고수했습니다. 이렇게 주장한 것은 아마도 우호적인 관계만이 굳건한 동맹으로 이어지는 길이라는 그만의 확고한 비전이 있었기 때문인 것 같습니다. 이렇게 보면 단잔은 정치가로서도 특이한 존재였다 하겠습니다.

『단잔 회상』은 그가 어떻게 나고 자랐는지부터 시작해서 수상이 되기 몇 년 전인 1951년 즈음까지의 기술로 끝이 납니다. 마지막 장에서는 '신일본 구상'이라는 제목으로 샌프란시스코평화조약이 서명되기 직전에 쓴 글이 실려 있는데, 향후 독립을 회복할 일본의 미래를 논하고 있습니다. 이 책은 부흥을 이루고 경제대국으로 성장해가는 전후 일본의 원점을 되돌아본다는 의미에서 오늘날을 사는 우리가 읽어도 몹시 흥미진진한 책이라 하겠습니다.

기술자에서 세계적인 자동차 회사 경영자로, 혼다 소이치로

그렇다면 이제 현대의 경영 리더도 살펴보도록 하겠습

니다. 일본 기업가 가운데서는 역시 혼다 소이치로가 출중하지 않나 합니다. 저는 그를 전후 일본에서 가장 훌륭한 기업인 중 한 사람이라고 생각합니다.

1906년(메이지 39년)에 태어난 혼다 소이치로는 어릴 적부터 열렬한 자동차 마니아였다고 합니다. 고등소학교 졸업 후 "얼른 자동차 수리를 배우고 싶어서" 도쿄의 자동차 수리 공장에 견습생으로 들어갑니다. 20대 초반에는 그가 일하던 공장의 지점 형태로 하마마쓰에 회사를 설립합니다. 30대에는 새로운 회사를 일으켜 엔진 부품인 피스톤링 제조를 시작하여 회사 경영을 궤도에 올려놓습니다.

종전 직후인 1946년에 혼다기술연구소를 설립했으며, 1948년에는 혼다기술공업주식회사를 설립해 이륜차 제조를 시작했습니다. 혼다는 어떤 배경도 없는 비非재벌계 경영인으로 스스로 기술력을 키워 엔진을 개발했으며, 이륜차에서 시작해 결국 사륜차 제조에 성공해 오늘날의 세계적인 자동차 메이커 혼다를 키워냈습니다. 특히 사륜차 분야에서는 선구적으로 '저공해 저연비'라는 친환경 정책으로 소형차 붐을 주도하면서 일본과 세계에 새로운 라이프스타일을 선보였습니다.

진정한 의미의 '프로젝트 X(2000~2005년 NHK에서 방영한 프로그램으로, 기술력으로 전후의 고도 경제를 뒷받침한 기업인들의 도전을 담았다-옮긴이)'가 성립된다면 혼다 소이치로가 설립한 기업 혼다일 거라고 저는 생각합니다. 혼다 소이치로는 스스로를 '기술자'라 부르며 기술자이기를 고집하던 사람이었습니다. 하지만 그는 기술을 최우선으로 생각하지는 않았습니다. 사회와 인간에 봉사하는 일을 최대의 목표로 내걸었으며 기술이란 그 목표를 이루기 위한 수단이라고 보았습니다. 드러커가 제창한 기업의 목적과 이노베이션 이론에 훌륭하게 부합한다 하겠습니다.

혼다는 경영자와 종업원의 울타리를 넘어 현장에서 일하는 사람들과도 사이좋게 지내며 새로운 아이디어에 관해 열정적으로 토론하고, 어정쩡한 일에 대해서는 인정사정없이 질책했다고 알려져 있습니다. 혼다의 정열은 무엇보다 좋은 엔진을 만들고 싶다, 그리하여 사회에 도움이 되고 싶다는 꿈에서 나온 것이라 생각합니다. 뼛속까지 차를 좋아했고 그 마음이 제품으로 이어져 사회 공헌으로 귀결된, 어떤 의미에서는 몹시 행복한 시대에 활약했던 사람이라 하겠습니다.

물론 그 배경에는 전후부터 다양한 기업들이 축적해온 엔진 기술의 발전이 있었음을 놓쳐서는 안 되겠지요. 일본은 전쟁을 일으켜 나라 안팎으로 수많은 희생자를 낳고 결국에는 패전했습니다. 하지만 기술 분야에는 우수한 인재가 아직 남아 있었습니다. 전후 혼란으로 해방적인 공간이 만들어진 덕분에 새로운 비즈니스 기회가 생겼고, 그 후로는 기본적으로 평화국가를 지향해 더 이상 전쟁을 일으키지 않았기에 젊은 인재가 자라날 수 있는 토대가 구축되었습니다.

혼다는 재벌들과는 달리 자금력으로 문제를 해결하려 하지 않았습니다. 또 기술적인 면에서도 다른 사람을 흉내 내지 않고 고유한 발상으로 고도의 엔진을 개발했습니다. 이러한 점에서 혼다는 새로운 유형의 인물이었다 하겠습니다. 저는 일본이 세계에 자랑할 만한 것이 있다면 바로 이 혼다와 같은 비재벌계 기업이 글로벌 기업을 낳았다는 점이 아닌가 합니다.

혼다 소이치로의 우수한 점은 바로 그가 철저하게 '셀프메이드 맨'이라는 것입니다. 늘 주위 사람들이 어떻게 생각할지를 신경 쓰고 '모난 돌이 정 맞는다'는 생각으로 바들바들 떨면서 다수파에 동조하는 것이 세상살이라고 믿던 사람들과는 정반대의 인물이었던 것이지요. 혼다 같은 '셀프메이드 맨'이 살아가는 방식은 비즈니스 퍼슨에게 귀중한 본보기가 아닐까 합니다.

혼다는 기술자로서 명쾌한 이론을 좋아했으며 아마도 현장에서 쌓아올렸을, 상황을 직감적으로 파악하는 기술이 뛰어났습니다. 혼다에게는 깊은 인문학적 소양이 있었던 것 같지는 않습니다. 하지만 그에게는 예민한 직감력이 있었으며 그것이 시대의 흐름을 읽는 열쇠가 되지 않았나 합니다. 그렇기에 그의 꾸밈없고 진솔한 발언 중에는 명언이 많은 것이지요. 혼다 소이치로의 발언을 정리한 책이나 평전에는 흥미로운 것들이 많으니 꼭 한번 읽어보시기 바랍니다.

스티브 잡스의 이노베이션과 인문 지식

저는 스티브 잡스와 혼다 소이치로 사이에 공통점이 있다고 생각합니다. 잡스는 애플의 설립자 중 한 사람으로 2000년대에 들어서 아이폰을 만들어내며 세계를 한층 새롭게 바꾼 인물입니다. 재벌 같은 거대자본에서 독립적이었다는 면에서, 또 자신의 아이디어를 실현시키는 데 정열을 쏟아 혁신적인 제품을 만들었다는 점에서 혼다가 해낸 역할과 닮지 않았나 싶습니다.

잡스의 훌륭한 점은 새로운 라이프스타일, 그리고 눈에 보이지 않는 가치를 가진 정보단말기와 정보기기를 만든 것이라고 생각합니다. 애플의 아이폰을 사용하는 사람은 다른 스마트폰을 사용하는 이들과는 다른 가치를 추구하는 경우가 많지 않나 합니다. 예를 들어 배기가스를 뿜어내는 자동차를 사는 것이 아니라 저연비에 친환경적이며 '심플 라이프'를 영위할 수 있는 자동차를 선택하는 감각처럼 말입니다.

이런 감각은 어쩌면 단순히 만들어진 이미지에 휘둘리고 있을 뿐 실상은 전혀 다를지도 모릅니다. 하지만 그저 감각일 뿐이라도 그렇게 생각되는 부분 또한 하나의 가치라고 할 수 있습니다. 이렇게 눈에 보이지 않는 가치를 정보단말기나 정보기기에 넣는다는 점이 바로 애플의 강점이며 잡스의 대단한 부분이 아닐까 합니다.

잡스는 1955년 시리아인 유학생 아버지와 미국인 어머니 사이에서 태어났습니다. 부모님은 결혼하지 않았으므로 잡스는 태어나자마자 입양됩니다. 잡스 본인의 말에 따르면 그는 '캘리포니아의 중산 계급' 가정의 아이로 자랐다고 합니다. 잡스는 2011년에 세상을 뜨는데요, 그가 죽기 직전에 한 권의 책이 나옵니다. 바로 잡스와 40회에 걸쳐 인터뷰를 하고 그 내용을 기초로 쓴 월터 아이작슨의 『스티브 잡스』입니다. 이 책에는 잡스의 다음과 같은 말이 소개되어 있습니다.

"어릴 적에 나는 스스로가 문과적인 사람이라 생각했는데 일렉트로닉스가 좋아졌다. 그 뒤에 나의 영웅 가운데 한 사람인 폴라로이드사의 에드윈 랜드가 '문과와 이과의 교차점에 서 있는 사람이야말로 큰 가치가 있다'라고 말한 것을 보고 바로 그런 사람이 되어야겠다고 생각했다."

잡스는 분명 일렉트로닉스를 좋아했으며 새로운 컴퓨터와 정보기기를 몇 가지나 만들어낸, 그 분야를 혁신으로 이끈 사람이었습니다. 그런데 그가 단지 엔지니어이기만 했다면 이렇게까지 많은 것을 달성할 수 있었을까요. 잡스는 애플이라는 정보전자기기 메이커를 이끌며 개발

현장과도 깊은 관계를 맺었으며, 기초적인 부분에서는 인문 지식을 소중하게 여겼던 인물이라고 합니다.

잡스에게는 분명 이전까지 세상에 없었던 완전히 새로운 것을 구상해내는 힘이 있었습니다. 또 새로운 것을 개발하여 그것을 디자인을 포함해 패키지화하고, 판매를 위해 전 세계의 일류 인재들을 초빙할 수 있는 힘도 있었습니다. 역시나 구상력과 명확한 비전이 있었기에 사람과 사물을 모으는 것이 가능했으며, 새로운 가치를 만들 수 있었던 것이지요. 우리 생활을 질적으로 바꾸어놓았다는 면에서 잡스는 이노베이터이자 혁명가였습니다. 그의 구상력과 비전에 인문 지식이 깊은 영향을 끼쳤음은 분명합니다. 컴퓨터나 정보기기 회사가 난립했던 시기에 두각을 나타냈던 것도, 스펙을 중시하는 다른 회사 제품들과 달리 개성이 드러나고 부가가치가 높은 제품을 세상에 발표할 수 있었던 것도 그 때문이겠지요.

"애플이 세상 사람들과 마음이 통한 이유는 우리가 이룬 이노베이션의 바탕에 인문학이 숨 쉬고 있기 때문이다"라고 잡스는 말했습니다.

잡스는 고등학교 시절 셰익스피어와 플라톤을 읽었고,

허먼 멜빌과 딜런 토머스의 시를 가까이했다고 합니다. 캠퍼스에 여전히 대항문화의 영향이 짙게 남아 있던 대학 시절에 잡스는 동양사상과 선에 경도되어 한때 인도에 간 적도 있다고 합니다. 예술에 빠졌을 때는 캘리그래피를 배우기도 했습니다. 심플한 디자인을 중요하게 여기는 감각은 그 뒤 제품 개발의 철학으로 이어졌으리라 봅니다. 쓸모없어 보이는 것, 당장 이익이 안 되는 것들도 폭넓게 접하면서 노는 시간을 가져야 오히려 실익을 낳는 획기적인 제품을 구상할 수 있지 않을까요?

어떻게 하면 혁신적인 것을 만들 수 있을까? 지금까지 있었던 것과는 조금이라도 다른 것을 만들 수 있을까? 여기에는 '발상의 논리' 같은 것이 있어서 이를 간단히 매뉴얼화해 전수할 수는 없습니다. 그보다는 그 사람이 무엇을 배워왔는지, 인생을 어떻게 걸어왔는지를 살펴봐야 하지 않을까요. 추체험으로 살피는 것은 가능할지 몰라도 혁신적인 발상 자체를 그대로 흉내 낼 수는 없습니다.

"무엇이 나를 달리게 하는 걸까. 창조적인 사람은 선인들이 남겨준 것을 사용할 수 있다는 사실에 감사를 표하고 싶으리라. (중략) 내가 여러 가지 일을 할 수 있었던 것은 같은 인류의 구성원들이 여러 가지 일을 해주었기 때문이며, 이 모든 것은 내가 선인의 어깨에 올라탈 수 있었기 때문이다. 우리 대부분은 인류 전체에 무언가를 보답하고 싶다고, 인류 전체의 흐름에 무언가를 더하고 싶다고 생각한다. 이는 결국 자기 자신이 할 수 있는 방법으로 무언가를 표현하는 것이다."

새로운 가치를 창조하는 사람에게서 공통적으로 찾아볼 수 있는 정열과 마음, 윤리관 같은 것이 이 말에서 느껴지지 않습니까?

뛰어난 리더의 공통점

지금까지 몇 사람의 역사 속 리더를 살펴보았습니다. 그렇다면 이들이 공통적으로 지닌 뛰어난 점은 대체 무엇일까요? 바로 시대를 읽는 통찰력입니다. 프랭클린은 자본주의의 초창기, 단잔과 혼다는 전쟁 전부터 전후의 혼란기, 잡스는 정보화 사회의 대두기라는 시대의 전환점을 살며 시대의 흐름을 정확하게 읽고 새로운 조류를 제 것으로 만들었습니다.

프랭클린은 인간이 종교적인 규범에서 해방되기 시작한 시대를 살았습니다. 그는 인간이란 연약한 존재이므로 그냥 내버려두면 방탕해질 뿐이라는 걸 자각하고 자기 관리가 가장 중요하다고 생각했습니다. 잡스는 대량 생산과 대량 소비라는 제조업의 한계를 깨닫고 생활의 새로운 문법을 추구하는 데 힘을 쏟았습니다. 그들의 정확한 시대 인식이야말로 성공을 가져온 최대의 요인이었다고도 하겠습니다. 시대의 흐름을 읽고 이해하기 위해 가장 중요한 것은 하나의 영역을 깊이 파내려가면서도 그 영역을 가로질러 인접한 영역에도 일상적인 관심과 흥미를 꾸준히 유지하는 일입니다. 그런 식으로 그들은 시대 전체를 꿰뚫어보기에 유리한 위치를 최대한 확보할 수 있었던 것이지요.

그들의 또 하나의 공통점은 새로운 가치를 낳는 창조성과 구상력이 뛰어났다는 것인데요. 새로운 의견과 삶의 방식이라는 눈에 보이지 않는 가치를 창조했다는 부분 또한 높이 평가할 만합니다. 이는 시대를 읽는 눈과도 관계가 있습니다. 시대가 무엇을 요구하는지 민감하게 반응할 수 있었기 때문에 시대의 가치를 만들어낸 것이지요. 그리고 각 인물의 카리스마도 물론 중요하지만, 모두가 자신의 한계를 정확히 알고 있었다는 점이 더 중요한 부분입니다. 모든 것을 혼자서 해내기란 불가능하다는 것을 이해하고 협력자와 조언자의 필요성을 자각했던 것이지요. 혼다 소이치로는 그의 경영 참모라 일컬어지는 후지사와 다케오를, 잡스는 기술적인 면에서 그를 지지해준 스티브 워즈니악이라는 비즈니스 파트너를 자기 편으로 삼았습니다.

마지막으로 무엇보다 중요한 것은 바로 인간에 대한 신뢰가 아닐까 합니다. 가장 높은 자리에 있는 사람이 인간을 신뢰한다면 그 뜻을 체화하여 움직이는 사람들이 모여듭니다. 부하직원(팔로워)을 신뢰하고 그들에게 자유를 허용한다면, 따르는 사람도 자유롭고 활발해져 창조적인 직장 환경이 만들어집니다. 한편으로 인간을 신뢰하지 않는 사람이 위에 있다면 그 회사는 '블랙 기업'이 될 수도 있습니다. 불미스러운 일을 일으키는 회사에는 그런 사람이 높은 자리에 있는 경우가 많은 것 같습니다.

반 발짝 앞서가는 리더, 김대중

앞으로 리더에게 요구되는 자질은 무엇일까요? 저는 앞으로 우리 사회에 적합한 사람은 '반 발짝 앞서가는 리더'가 아닐까 합니다. 그렇다면 왜 '반 발짝'일까요. 경애하는 한국의 리더 고 김대중 전 대통령은 이전에 현대 사회의 리더에게 알맞은 최적의 걸음 폭은 반 발짝이며, 한 발짝은 너무 앞으로 나가는 것이라 말한 적이 있습니다. 국민의 반 발짝 앞을 걸으며 가끔 뒤돌아보고, 모두가 따라오지 못하고 있다면 반 발짝 뒤로 가서 함께 걸으며 설득합니다. 그렇게 해서 이해를 얻으면 또다시 반 발짝 앞서 걸어가는 것이지요. 몹시도 시의적절하고 민의에도 맞는 사고방식이었기에 이 말을 들었을 때 저는 큰 감동을 받았습니다.

예전과 달리 오늘날의 사회에서는 정보화가 진전되어 리더와 팔로워 사이의 정보량 차이가 그리 크지 않습니다. 때로는 팔로워가 리더보다 지식이 더 풍부할 때도 있습니다. 그러니 '나를 따르라'는 식의 '위에서 내려다보는' 리더가 되어서는 안 됩니다.

'반 발짝 앞'이라는 콘셉트와 관련해서 본다면, 카리스마 있는 리더 한 사람이 아니라 '중소 레벨의 리더'가 조직 안에 많이 있는 형태가 가장 이상적이지 않을까 합니다. '중소 레벨'이라는 말이 좀 이상하게 들릴 수도 있겠지만 이는 작은 조직의 '장長'이라는 뜻입니다. 예를 들면 NPO의 대표나 기업 내 팀장, 벤처기업의 수장, 지역 사회에서 여러 활동을 주재하는 사람 등이 있습니다. 제가 이들을 주목하는 이유가 있습니다. 많은 분들이 리더라고 하면 곧바로 총리대신이나 회사의 사장을 연상하는데요, 곰곰이 생각해보면 일본은 그러한 특별한 자리에 뛰어난 인재가 출현하기 어려운 토양인 것 같습니다. 바꿔 말하자면 일본은 '카리스마 있는 인물 한 사람이 나라 전체를 이끄는' 리더의 모습에는 그다지 익숙하지 않습니다. 그러면 어떤 리더가 어울릴까요? '다양한 분야에 중소 레벨의 리더가 많은 형태'가 일본 사회에는 가장 적합하지 않나 싶습니다.

2011년 3월 동일본대지진이 일어났을 때 국가 단위의 명령 계통이 제대로 기능하지 않았습니다. 당시 지역의 붕괴와 기능 정지를 막아낸 이들은 바로 중간 리더였습니다. 기업과 지역에 존재하는 다양한 유형의, 여러 장르의 중간 리더가 각각의 전문분야를 살려 깊이 연구하면서 경쟁하는 모습이야 말로 흥미롭지 않을까 합니다.

시대와 겨루다

역사를 돌아보고 시대감각을 기르는 일이 왜 중요한지 조금 더 살펴보겠습니다. 실제로 사회에서 활약하는 기업 경영자나 정치 지도자, 행정기관의 리더는 역사에서 배운 것을 어떤 방침을 결정하거나 결단을 내리는 데 적용할 수 있어야 합니다. 지금 논란이 되고 있는 보험과 연금 문제, 혹은 원자력 발전소를 비롯한 에너지 문제도 궁극적으로는 변해가는 시대를 읽어내지 못했기 때문에 벌어진 일이라 할 수 있습니다.

기업과 정치 리더뿐만 아니라 회사의 프로젝트 책임자나 팀장들에게도 앞을 내다보는 능력이 필요합니다. 어떤 수준에서든 다른 사람들 앞에서 이끄는 입장에 있는 사람은 지금 커다란 역사의 조류가 어디에서 흘러와 어디로 흘러가는지 읽어낼 수 있어야 합니다. 시대를 읽어야 하지만 그렇다고 아주 세세한 부분까지 파고들 필요는 없습니다.

가능하면 최소 10년을 단위로 하여 읽는 것이 좋습니다. 그 정도의 폭으로 파악하지 않으면 지엽적인 부분에 주의를 빼앗겨 본질을 놓칠 가능성이 있기 때문입니다.

덧붙이자면 저는 1950년(쇼와 25년)에 태어났기 때문에 제 나이, 제 인생과 겹쳐서 10년 단위로 일본 사회를 되돌아보고 성찰해왔습니다. 그 내용을 간략하게 말씀드리자면 저의 20대(1970년대)는 고도성장의 반환점이자 자기 중심주의의 시대, 30대(1980년대)는 각종 미디어의 진화와 고도소비의 시대, 40대(1990년대)는 버블경제와 그 붕괴의 시대, 50대(2000년대)는 네트워크 사회와 시장의 폭주 시대, 60대(2010년대)는 전후의 마지막이자 혼돈의 시대입니다. 이렇게 역사 연표 식으로 정리한 대략적인 내용을 머릿속 한구석에 넣어두고 앞으로 시대의 흐름이 어떻게 변할지를 예측해야 합니다.

또 중요한 것 한 가지는 시대를 읽을 때 역사의 마디가 되는 지점이나 전환점을 제대로 파악해야 한다는 점입니다. 김대중은 '정치가는 역사와 승부하지 않으면 안 된다'고 말했습니다. 과연 훌륭한 말입니다. 이는 역사의 전환점에서 그 추이를 읽고 바른 결단을 내리는 것을 '승부'

라는 말에 비유한 것입니다.

　저는 역사의 추이를 적확하게 읽고 바른 선택을 하기
위해서는 역설적으로 역사의 한계와 자기의 한계를 알아
야 한다고 생각합니다. 무슨 의미인지는 구체적인 예를
통해 살펴보겠습니다. 야마모토 슈고로의 역사소설『전
나무는 남았다』에 나오는, 다테 소동에서 활약한 하라다
가이야말로 역사와 승부하려 했던 인물입니다. 다테 소동
이란 에도 시대 전기에 다테번(센다이번)의 다테 가문에서
일어난 집안싸움인데 하라다 가이는 다테번의 중신이었
습니다. 소설에서 하라다 가이는 다테번을 무너뜨리려는
막부의 계획에 대항해 번의 존속을 위해 악역을 자청하여
목숨을 걸고 싸운 인물로 그려집니다.

　하라다에게 역사적 한계란 막부에서 눈엣가시로 여기
는 다테번에서 태어났다는 점이었습니다. 그는 막부라는
절대 권력을 거스를 수 없었습니다. 하지만 그는 자신의
한계를 알고 있었기에 막부를 적으로 돌리지 않고 역신逆
臣의 오명을 뒤집어쓰면서까지 번을 지킨다는 미션을 충
실히 수행했으며 결국에는 대망을 성취합니다.

　한편 정치가로는 그다지 알려져 있지 않지만 이토 마사

요시를 들 수 있습니다. 오히라 마사요시 내각의 내각관
방장관을 역임하고, 스즈키 젠코 내각에서는 외무부대신
을 역임한 인물입니다. 다케시타 노보루 수상이 리쿠르트
사건(수많은 정치인, 관료 등이 연루된 전후 일본 최대의 정치 스캔들-
옮긴이)으로 퇴진한 뒤 총리대신으로 추천되었지만 그는
딱 잘라 거절합니다. 맑은 것과 탁한 것을 전부 취하는 사
람이 아니었던 이토는 자신이 총리가 되어서는 안 된다는
스스로의 한계를 알았던 것이지요. 이토 마사요시는 책임
을 아는 사람이었습니다. 스즈키 내각 때 그는 '미일동맹'
과 안보조약의 해석을 두고 수상과 대립한 일을 이유로
외무대신 자리에서 물러났습니다. 그가 스스로의 역할을
깨닫고 깔끔하게 물러난 덕분에 미일관계가 파탄으로 치
닫지 않고 무사히 유지될 수 있었다고 저는 생각합니다.

구소련의 고르바초프 같은 사람도 마찬가지입니다. 그
는 분명 역사의 한계, 즉 사회주의의 한계를 깨닫고 있었
습니다. 자신이 믿었던 사회주의가 이제 더 이상 지속할
수 없음을 잘 알았고, 그렇다면 변해야 한다고 생각했기
에 사회주의의 막을 내리는 결단을 한 것입니다.

요즘 역사의 한계나 자신의 한계를 모른 채 호언장담

을 하며 대중에 영합하는 방식으로 세계를 움직이는 사람들이 등장하고 있습니다. 바로 미국의 트럼프와 필리핀의 두테르테 대통령입니다. 진정한 성과를 내는 리더는 자기 한계를 잘 알고, 자신의 미션에 충실한 사람이라 생각합니다. 그런 사람만이 역사에 분명한 흔적을 남길 수 있습니다.

작지만 빛나는 일

마지막으로 이 장에서 미처 다루지 못한 그 밖에 추천할 만한 역사서를 소개하고, 역사를 파악하는 방법에 대해 살펴보겠습니다. 가장 먼저 소개하고 싶은 것은 바로 마르크스 아우렐리우스의 『명상록』입니다. 이 책은 유럽에서는 지금도 여전히 인생의 안내서 혹은 일에 관한 철학책으로 널리 읽히고 있습니다. 아우렐리우스는 로마 오현제 시대의 마지막 황제로 2세기경에 활약한 사람입니다. 『명상록』에는 아우렐리우스가 전쟁과 모반 등 수많은 고난을 마주하면서 느끼고 깊이 사색한 것들이 간결한 말로 적혀 있습니다.

예컨대 이 책에는 "그대에게 해로운 사람이 품은 생각과 그 사람이 그대에게 품게 하려고 하는 생각을 품지 말라. 있는 그대로의 모습으로 사물을 보라"(4장 2절)라는 구절이 있습니다. 오늘날 인터넷 사회에서는 다른 사람에게 자신이 어떻게 보일지를 고민하는 사람이 많으리라 생각합니다. 하지만 이 글귀는 자기 안의 목소리에 귀 기울이는 일이 더 중요하다는 사실을 깨닫게 합니다. 있는 그대로를 받아들일 때 자기 자신의 한계도 보이겠지요. 그 한계를 이해하고 또 자신이 성취해야 할 미션이 무엇인지를 생각해야 합니다.

다음으로는 시바 료타로의 역사소설 『산마루』를 들고 싶습니다. 막부 시대 말기 나가오카번에서 동양의 스위스를 목표로 무장 중립을 위한 번정 개혁을 시도했으나 그 뜻을 이루기도 전에 세상을 뜬 가와이 쓰기노스케의 삶을 그린 작품입니다. 물론 소설인 만큼 역사를 윤색한 부분도 있지만 선견지명을 품고 이상을 위해 한 몸 바친 인물이 살아가는 모습이 잘 그려져 있어 매우 감동적입니다.

여기서 자신의 일이 규모가 큰 임무인지 아닌지는 중요하지 않습니다. 회사에서 일하는 경우라면 '작지만 반짝

반짝 빛나는 일'이 있을 터입니다. 예를 들어 회사의 톱니바퀴 같은 역할이라도 그 안에서 다른 사람이 대신할 수 없는 나만의 미션을 달성한다면 그것이 바로 숭고한 일이지요. 주어진 역할 가운데 자신의 한계와 회사의 한계를 잘 이해하고, 미션을 충실하게 수행하여 최대의 퍼포먼스를 발휘한다는 마음가짐이 중요하다고 봅니다.

요즘 교양으로서의 세계사 같은 빅 히스토리가 많이 출판되고 있습니다. 물론 이런 책들을 읽어 지식을 쌓는 것은 바람직합니다. 하지만 비즈니스 퍼슨이 보고 배울 만한 것은 역사의 거친 파도 속에서 개인이 어떻게 움직이고 갈등하며 또 결단하는지를 그려낸 소문자 히스토리(인류, 국가, 민족의 역사를 다룬 대문자 히스토리History에 대비되는 개인의 역사–옮긴이)에 많지 않을까 싶습니다.

역사에서 배운다는 것은 그저 과거에 일어난 일이나 인물에 관한 지식을 뜻하는 게 아닙니다. 20세기를 대표하는 영국의 역사가 에드워드 카E. H. Carr는 『역사란 무엇인가』에서 역사의 본질은 현대에 있다고 지적했습니다. 역사란 현대라는 아직 정해지지 않은 시대를 살아가는 우리의 질문을 통해 비로소 알 가치가 있는 사건으로 보이게 된다는 뜻입니다. 역으로 현대라는 시대에 대한 통절한 문제의식과 질문이 없다면 역사는 단순한 기록의 집적에 지나지 않으며, 암기해야 할 사건들의 연대기일 뿐이지요.

이런 의미에서도 현재 무엇이 문제인지를 묻고, 그 문제를 발견하기 위한 센서를 작동시키는 일이 매우 중요합니다. 그저 주어진 상황에 안주하여 하루하루의 일과에 매몰되거나 반대로 현재 상황에 불만을 품는 것만으로는 과거와 현재를 잇는 실마리를 찾을 수 없습니다. 국가와 사회의 역사든, 개인과 기업 혹은 조직의 역사든 배우는 이의 자세에 따라 받아들일 수 있는 양과 깊이가 크게 달라질 것입니다.

역사란 확률의 집적

역사에 관해 하나 더 말씀드리고 싶은 것은 역사를 배운다고 해서 곧장 일상의 문제들에 대해 명쾌한 판단을 내릴 수 있게 되는가 하면 꼭 그렇지는 않다는 것입니다. 아무리 역사를 공부해도 실제로 어떤 상황이 닥쳤을 때

결단을 내리기란 아무래도 어려운 것이 사실입니다. 그 까닭은 역사의 본질과 관련이 있습니다. 역사란 과학적인 진실에서 빚어지는 세계가 아니라 가치 판단과 의미 부여를 통해 만들어지는 세계이기 때문입니다. '절대로 그러하다'는 '필연성'이 아니라 '그러할 것'이라는 '개연성'으로 성립되는 것이 역사입니다. 그렇다면 우리는 역사에 대해 '진실이다'가 아니라 '진실일 것이다'라고밖에는 말할 수 없습니다.

지구의 자전과 공전을 예로 들어보겠습니다. 지구가 자전하면서 태양의 주위를 공전하는 것은 여러 관측을 통해 분명하게 증명되었습니다. 그러나 실제로 우리 눈에 보이는 것은 태양이 동쪽에서 떠서 서쪽으로 지는 현상이지요. 우리는 태양의 움직임을 매일 직접 관찰한 결과를 통해서가 아니라 지구물리학과 중력의 법칙을 이용한 계산에 의해 지구의 자전이 '진실일 것'이라 믿고 살아갑니다. 역사 또한 이와 마찬가지로 '~일 것'의 세계라 하겠습니다.

그런데 이러한 역사의 '진실일 것이다'가 큰 문제가 된 적이 있습니다. 2003년 이라크의 후세인 대통령이 대량살상무기를 보유하고 있다는 이유로 미국을 중심으로 한

연합군과 이라크 사이에 전쟁이 일어났습니다. 전쟁이 발발하기 직전, 미국의 콜린 파월 국무장관은 유엔 조사단의 이라크 사찰을 근거로 유엔안전보장이사회에 이라크가 대량살상무기를 보유하고 있다는 증거를 몇 가지 제출했습니다. 군인 출신인 파월은 일단 전쟁에 돌입하게 되면 쌍방 모두가 상당한 피해를 입을 것이며, 한번 시작된 전쟁은 간단하게 종결되지 않을 것임을 잘 알고 있었기에 전쟁을 시작하는 데 소극적인 태도를 보여왔습니다. 그런 인물이었기에 그가 유엔에 증거를 제출할 정도라면 믿을 수 있다고 여겨 거의 모든 매스컴이 그것을 '진실일 것'이라 판단했습니다.

당시 저도 그것이 옳은지 그른지 매스컴으로부터 많은 질문을 받았습니다. 저는 유엔 사찰로 얻은 증거에 따라 '진실일 것이다'라고 하는 것은 그저 추측일 뿐 실제로 이라크는 대량살상무기를 보유하지 않았을 거라는 의견을 냈습니다. 당시 제 의견은 소수의견이었던 것으로 알고 있습니다. 제가 그렇게 판단한 이유는 다음과 같습니다. 저는 앞서 몇 년간 행해진 유엔 사찰을 통해 이미 조사가 80퍼센트가량 진행되었음을 알고 있었습니다. 그래서 아직 사찰하지 않은 20퍼센트에 대량살상무기가 있는지 없는지만이 문제라고 생각하고 있었습니다. 관리 상태가 나쁘다고 들었으니 혹 대량살상무기를 보유하고 있더라도 열화劣化되어 쓸 수 없지 않을까 추측한 것이지요. 몇 가지의 '진실일 것이다'를 고려하여 내린 아주 어려운 판단이었습니다.

전쟁이 끝난 후 행한 조사에서 밝혀졌지만 대량살상무기는 존재하지 않았습니다. 이는 아무리 역사를 배운다 해도 판단이 쉽지 않다는 것을 알려주는 예라 하겠습니다. 그렇다고 해서 역사를 아무리 공부해도 별반 도움이 되지 않는다는 말은 아닙니다. 오히려 판단이 어렵기 때문에 우리는 더 겸허하게, 더 깊이 있게 역사를 배워야 합니다. 또 방대한 인문 지식 안에서 역사를 보는 감각을 길러야 합니다.

왜일까요? 인문 지식을 기른다는 것은 인간력(근래에 새롭게 나온 말로 인간력전략연구회의 이치카와 신이치는 이를 '사회를 구성하고 운영함과 동시에 자립한 한 사람의 인간으로서 힘차게 살아가기 위한 종합적인 힘'이라 정의했다-옮긴이)을 기르는 것이자 리더로서의 힘을 기르는 것이며, 일하는 힘을 기르는 것이고, 또한 사회 전체의 다양성과 풍요로움을 기르는 것입니다. 지금이야말로 우리는 더욱 광범위한 인문 지식과 리버럴 아트(대학의 교양 과정)의 전통을 중시해야 한다고 생각합니다. 활력 넘치는 중소 규모의 리더를 많이 키워내기 위해서, 또 여전히 교착상태에 있는 이 시대를 타파하기 위해서, 그리고 새로운 시대를 만들어나가기 위해서 말입니다. 여기에 미진한 힘이나마 보태기 위해 저 또한 계속해서 시대를 고찰해나갈 것입니다. 사회를 진단하는 의사로서 '날 것'과 '말린 것' 사이를 왕복하면서 매일매일 촉각을 세우고 나름의 의견을 최대한 세상을 향하여 발신하려 합니다.

그렇다면 이제 어떻게
일할 것인가

가치관의 변화

지금까지 일이란 무엇인지, 그리고 이 불확실한 역경의 시대에 내 안에 일을 어떤 방식으로 자리매김하면 좋을지 살펴보았습니다. 요약하자면 일은 사회로 들어가는 입장권이며, 사회에서 자신의 사명(미션)을 깨닫고 그 일에 집중할 수 있다면 이상적이라고 할 수 있습니다. 인문 지식의 도움을 얻어 역사적인 인물이나 사건을 공부하면 좋을 것이라는 말씀도 함께 드렸습니다.

여기에서는 이러한 논의를 바탕으로 다시 한 번 개인과 사회의 관계에 주목하면서 21세기 일본에서 일한다는 것이 어떤 의미인지 고찰해보겠습니다. 버블경제가 붕괴하고 오늘날에 이르기까지 일에 대한 가치관이 어떻게 변화했는지는 앞에서도 여러 번 언급했습니다. 특히 지금의 젊은 세대는 앞으로 10년만 지나도 가치관이 크게 변하지 않을까 싶습니다.

2000년경에는 리먼브라더스를 비롯한 투자회사에 들어가고 싶어 하는 학생들이 많았습니다. 2008년의 리먼 쇼크 이후 10년 가까이 지난 지금도 여전히 대학생의 취업 활동에서 인기 있는 기업은 거대 은행이나 보험회사 같은 금융업계입니다. 이 업계가 변함없이 상위를 차지하고는 있으나 리먼쇼크 이전과 비교하면 열기가 좀 식은 듯합니다.

한편 이전과 다른 형태의 일을 찾는 젊은이도 늘어나고 있습니다. 지방에서 일하기를 원하는 젊은이들도 있습니다. 또 생활을 우선에 두고 일을 통해 얻는 수입은 일정 정도면 된다는 생각으로 사람과 지역의 관계를 중시하는 소규모 사업을 일으키는 젊은이가 점점 늘어간다고 합니다. 이런 현상의 배경에는 리먼쇼크 같은 개별 사건뿐만 아니라 자본주의와 경제활동 자체에 대한 근본적인 회의가 있지 않은가 합니다. '돈의 세계'란 그저 자신이 일하는 장소일 뿐 모든 것을 의탁할 대상이 아님을 깨달은 건지도 모르겠네요.

또 일본 경제의 전망과 관련해서는 2016년 2월 일본은행이 취한 마이너스금리 정책이 과연 앞으로 출구를 찾을 수 있을지가 커다란 문제가 될 것입니다. 마이너스금리 정책의 의도는 디플레이션에서 벗어나기 위해 돈을 투자하고, 그 돈을 소비로 돌리기 위해 물가를 올리는 것입니다. 하지만 지금 국민들이 보이는 반응은 그와 정반대입니다. 벌어들인 돈을 은행에 저축해도 전혀 늘지 않으니 노후를 위해서는 돈을 안 쓰고 절약하는 수밖에 없다고 생각하게 된 것이죠. 마이너스금리 정책은 역효과를 내고 있는 것 같습니다.

미국 역시 리먼쇼크 이후 경기 부양을 위해 거의 제로금리에 가까운 정책을 취했습니다. 그 출구를 찾기까지 이미 7, 8년이 흘렀습니다. 일본의 마이너스금리가 앞으로 비즈니스 현장과 가계, 개개인의 라이프사이클에 어떤 영향을 끼칠지 아직은 알 수 없습니다. 어쩌면 커다란 누름돌이 되어 우리 생활을 장기간에 걸쳐 압박할지도 모릅니다. '그렇다면 내 능력치를 더욱 올려 돈을 많이 벌 수 있는 일을 찾아 위로 위로 올라갈 수밖에 없겠다'는 생각이 이러한 상황에 대처하는 전형적인 반응입니다. 이는 이미 언급한 바 있는 '개인 경력 모델'입니다. 실제로 능력 있는 젊은 세대에게는 이런 압력이 강하게 작용하고 있는 것 같습니다.

이러한 가운데 사람들을 꿈에서 깨워 현실을 직시하게 하고, 깊숙한 곳에서부터 '10년 전'과 '지금'에 관한 의식을 변화시키는 계기가 된 것은 분명 2011년 3월 11일에 일어난 동일본대지진일 것입니다. 이 미증유의 재해로 우리는 이 세상에 변하지 않는 것이란 없으며, 내일 누가 어떻게 될지 알 수 없다는 무상함을 느꼈고, 깊은 상처를 입었습니다. 비관적인 생각이지만 2016년 4월의 구마모토 지진이 그러했듯이 일본의 어딘가에서 언제 대규모의 자연재해가 또다시 일어난다 해도 결코 이상할 것이 없음을 우리 모두 깨닫게 되었습니다.

이 커다란 희생을 겪으며 일본에 사는 사람들이 조금씩

깨닫게 된 것은 한 사람 한 사람의 생활이 결코 금전에 의해 지탱되지 않는다는 것입니다. 우리의 생활을 실질적으로 지탱해준 것은 '유대'라 불리는 사람과 사람 사이의 관계였으며, 이를 포함하여 사회관계자본이라는 형태로 지역 전체에 축적되어온 것이었음을 실감했습니다.

실제로도 사회에 공헌하는 일을 하려는 젊은이가 늘어났다고 합니다. 『현대 일본인의 의식 구조』(8판)에 따르면 '세상을 위해 일하고 싶다'는 20대 젊은이의 비율이 1973년 9퍼센트에서 2013년에는 21퍼센트로 증가했다고 합니다. 덧붙여 2013년에 '높은 수입을 얻을 수 있는 일'을 하고 싶다는 비율은 31퍼센트였던 데 비해 '동료들과 즐겁게 할 수 있는 일'을 하고 싶다는 비율은 50퍼센트에 이르렀습니다.

사람을 일하게 하는 가장 큰 동기는 바로 '타자의 주목'이라고 합니다. 이와 관련지어 본다면 사회에 공헌하는 일 혹은 사회봉사를 하려는 사람은 비즈니스라는 측면뿐만 아니라 '타자의 주목' 또한 바라고 있다고 하겠습니다.

격차 고정

일과 사회의 관계에서 또 한 가지 살펴볼 것은 격차 문제입니다. 일본에서 일하는 사람들에게 2000년대와 비교하여 2010년대에 일어난 커다란 의식 변화를 들라고 한다면, 그중 하나가 바로 격차가 아닐까 합니다. 학력 사회에 기초하여 무슨 일이 일어날지 예측할 수 있던 시대는 이미 끝났습니다. 평등주의와 능력주의의 밀월 시대는 무너졌습니다.

반면에 불평등의 문제가 다양한 격차로 드러나고 있습니다. 10년 단위로 볼 때 비정규 고용의 증가로 격차 문제가 널리 확산된 측면도 있습니다. 부유한 사람이 더 부유해지면 그 부가 넘쳐흘러 저소득층에까지 골고루 퍼지리라는 낙수효과를 기대하고 나온 아베노믹스는 실제로는 고소득층과 저소득층의 격차를 한층 더 벌어지게 했으며 부유한 자만을 더 부유하게 만들었습니다. 여기에서도 격차 고정의 문제가 잘 드러납니다.

저희 세대가 대학을 다니고 일하던 시대는 어쩌면 행운의 시대였는지도 모르겠습니다. 피케티의 말처럼 1차 세계대전, 2차 세계대전을 거쳐 1970년대 중반까지 특히 선진국에서는 소득 재분배가 비교적 잘 이루어졌기 때문입니다. 저는 이런 시대에 사춘기를 보냈습니다. 오늘날의 젊은 세대에게 당시의 덕목을 적용하기란 불가능합니다.

현재의 상황을 긍정적으로 보는 20대 젊은이가 많다 하더라도 그들이 느끼는 만족감이란 것이 실은 부모와 동거하는 '패러사이트(기생)'에 의해 겨우 유지되고 있다면, 격차가 낳은 불안은 분명 오늘날 젊은이의 미래에 어두운 그림자를 드리우고 있습니다. 더욱이 정규 고용과 비정규 고용의 격차 역시 앞으로 점점 커질 것입니다. 또 젊은이들은 현 상황을 긍정하고 점차 보수화하는 경향을 보이는데 이는 그저 보고 싶지 않은 현실을 뒤로 미루어 일시적인 위안을 얻으려는 것뿐이겠지요.

저출산 고령화 현상으로 일할 사람이 줄어드는 가운데 앞으로 일본 경제가 이전처럼 크게 성장하여 중류층이라 불리는 사람이 늘어나리라 기대하기는 어렵습니다. 중장기적으로 볼 때 일본은 이제 더 이상 1960~70년대의 고도 성장기로는 되돌아갈 수 없습니다. 우리는 '정상화 사회定常化社會'라고 하는, 성장이 0에 가까운 사회를 향해 가고 있습니다. 이를 '성숙 사회'라 해도 좋습니다. 하지만

'성숙'이란 말을 쓴다고 해서 좋은 의미라고만은 할 수 없습니다.

문명사적으로 보면 남녀 구별 없이 문해율과 진학률이 높아지면 저출산과 고령화가 나타납니다. 일할 사람이 줄어들수록 소비할 사람 역시 줄어들기 때문에 성장은 저하됩니다. 이는 인구 변동과도 연관되기 때문에 어떤 극적인 변화가 일어나지 않는 한 향후 일본 경제의 동향 역시 이와 같은 큰 그림 속에서 멀리 바라보아야 하지 않을까 생각합니다.

지역 간 격차

또 하나의 격차가 있습니다. 바로 지역 간 격차입니다. 일본에서 가장 소득 수준이 높은 지역은 도쿄의 미나토구라고 합니다. 2012년 총무성이 조사한 바에 의하면 미나토구의 납세 의무자 1명당 과세 대상 소득액은 약 9,040만 원입니다. 하지만 같은 도쿄라도 아다치구는 약 3,130만 원으로 3배나 차이가 납니다.

그렇다면 소득 수준이 가장 낮은 곳은 어디일까요? 멀

리 떨어진 섬이나 산간 지역처럼 사람이 별로 살지 않는 곳을 떠올리는 분이 많겠지만 실은 구마모토의 구마무라로 소득액은 1,980만 원입니다. 통계상으로는 생활보호 대상자보다 낮은 수준입니다.

저는 구마무라에 가서 실제 그곳 사람들이 어떻게 살아가는지 직접 살펴본 적이 있습니다. 그곳 주민들은 쌀과 채소 같은 먹거리는 대부분 자급자족하고 있었습니다. 지역 커뮤니티도 살아 있었으며, 인간관계가 풍요로워서 일본에서 소득 수준이 가장 낮은 지역이라는 이미지와는 전혀 다른 모습이었습니다. 그 이유는 이곳이 사람들의 생활을 지탱하는 '사회관계자본'이 아직 남아 있는 지역이기 때문입니다. 사회관계자본은 상호 신뢰 관계와 서로에게 협력하는 규범, 그리고 사람들 간의 관계를 맺어주는 '사회적인 네트워크'로 만들어집니다.

미나토구 하마마쓰초 일대가 실은 메이지 시대 이래로 일본 최대의 슬럼이었다고 하면 놀라시는 분이 있을지도 모르겠네요. 일본은 역사적으로 도시의 슬럼을 해소하기 위해 전쟁 피해나 천재지변을 기회 삼아 배치전환과 분산이라는 수단을 활용해왔습니다. 일반적으로 '스크랩 앤드 빌드'를 반복하는 대도시권은 사회관계자본이 성립되기 힘들다고 합니다. 대도시처럼 사회관계자본이 충실하지 않은 지역일수록 소득과 자산의 유무가 중요해집니다. 도시에서 생활하려면 일정 정도 이상의 돈을 갖고 있어야 하는 것이지요.

중앙과 지방 혹은 대도시권과 농촌 지역을 비교해보면 화폐액으로 표현되는 수치만으로는 분명 큰 격차가 있는 듯 보입니다. 하지만 실제 그곳에서 살아가는 이들의 생활이라는 측면에서 본다면 사회관계자본이 얼마나 유효하게 작동하는가에 따라 생활의 실제 감각이나 삶의 만족도가 크게 달라질 수 있음을 알 수 있습니다.

또 지금 자신이 하고 있는 일이 원래 원하던 것이었는지, 혹은 자신이 중요하게 생각하는 가치와 부합하는지를 고려하면서 삶의 방식을 선택하는 방법도 있습니다. '자연스러운' 삶에 우선순위를 둔다면 대도시만이 아니라 지방을 선택하는 것이 좋을 수도 있다는 뜻이지요.

이때 중요한 것은 과연 나는 어떤 가치를 선택할 것인가 하는 물음입니다. 더 많은 사회관계자본이 살아 작동하는 지역을 찾아 지방으로 갈지, 혹은 편리함을 우선시하고 생애에 걸쳐 일정 정도의 소득과 자산을 확보하기 위해 대도시를 선택할지가 갈릴 것입니다. 물론 도시에서 일정 기간을 살고 그 뒤에 지방으로 이주하는 삶의 형태도 가능하며, 이제는 사는 장소가 한 곳으로 고정되지 않은 삶의 방식 또한 늘어나지 않을까 싶습니다.

당연하게도 사회관계자본이 작동하지 않는 상황이라면 맞벌이나 여성의 사회 진출은 어려워질 것입니다. 자녀의 양육 환경이 잘 갖추어진 지역에서 일하며 살아간다는 선택지도 있겠지요. 이 역시 내가 어떤 식으로 살아갈 것이며, 일에 관해 어떻게 생각하는지에 달려 있습니다.

그렇다고 해서 지방이면 어디든 좋다는 것은 아닙니다. 이제 더 이상은 충실한 사회관계자본을 유지할 수 없는 지역이 생겨날 가능성 또한 있습니다. 앞으로 10년, 20년이 지나면 지역 간 격차 문제는 한층 더 심각해지겠지요.

"아니, 나는 역시 개인 경력 모델에 기초하여 살고 싶어. 내 능력치를 높여서 중소기업보다는 대기업에서 일하고 싶어. 그것이 나의 발전으로 이어지고 안정 지향이라는 면에서도 좋은 것 같아"라고 생각하는 사람도 있을 터입니다. 다른 한편으로 이제 일본에서는 틀림없이 전직轉

職이 일상화되리라 봅니다. 많은 사람들이 이직을 전제로 하는 라이프사이클을 바탕으로 생활할 수밖에 없게 될 것입니다. 20대 전반에 기업에 취직한 사람이 10년, 20년 뒤에도 그 회사에 그대로 남아 있을지 어떨지는 누구도 장담할 수 없습니다. 절대 망하지 않으리라 생각했던 대기업도 이제 그 장래가 보장되지 않습니다. 대기업에서 일을 하건 중소기업에서 일을 하건, 이제 이직은 일상화된다고 봐야 합니다.

앞으로는 격차와 불평등이 근본적으로 시정되지 않는 시대가 올지도 모릅니다. 구직 활동만 열심히 하면 취직이 되고 그 직장에서 일하는 것만으로도 '자기 완결'에 도달하여 여가 시간을 어떻게 보낼지만 고민하면 되는 단순한 삶은 불가능하게 되었습니다. 종신고용을 보장받아 수십 년 동안을 같은 직장에서 근무하다가 직업 인생을 마치는 일 또한 이제 드물어지겠지요.

'자연스럽게' 사는 삶이란 내게 맞는 일이 과연 무엇인지 고민하고, 그에 따라 목표를 세우고 스스로가 납득할 수 있는 일을 하는 삶입니다. 이제는 이런 자연스러운 삶의 방식에 관해 생각해보지 않을 수 없게 되었습니다.

사회관계자본과 일

앞으로는 기업 역시 주주 본위의 완전한 이윤 추구형 기업, 그리고 사회관계자본과 긴밀하게 연관된 사회 공헌형 기업으로 점차 분리되리라 봅니다. 그중에서도 사회관계자본과 연관된 기업의 중요성이 커질 것입니다. 지방 중소기업 중에는 이미 이를 깨닫고 적극적으로 지역에 공헌하면서 그런 요소를 기업 활동에 포함시키는 사례가 늘고 있습니다.

예를 들어 히로시마에 본사를 두고 쥬고쿠, 시코쿠, 규슈 지역에서 사업을 전개하고 있는 복합형 상업 시설 '유메타운'은 지역 밀착이라는 기치를 전면에 내세워 지역 특산품을 적극적으로 취급하는 등 행정 기관과 제휴하여 지역의 경관 보전과 자연보호, 향토 예능 계승 등에 협력하고 있습니다. 겨우 인구 10만 정도의 기후현 가니시는 '가니시문화창조센터'라는 공공 홀을 만들어 지역 기업 및 외부 예술단체와 연계한 지역 밀착형 워크숍, 교육 프로그램 등을 활발하게 개최하고 있습니다. 이를 통해 지역의 예술문화 진흥과 시의 활성화에 공헌하여 주목받고 있습니다.

지역의 기업과 대형 점포가 지역 활성화에 적극적으로 관여하면서 가급적 자기 지역에서 나온 상품을 취급하고, 지역 내에서 소비하려는 노력이 전국 각지에서 일어나고 있습니다. 지역에 공헌하려는 움직임은 도쿄 등 대도시권에서는 잘 보이지 않을 수도 있습니다. 하지만 『중소기업 백서』는 'CRSV(Creating and Realizing Shared Value)'라는 이름으로 지역에서 곤란한 일이 발생했을 때 그 일을 지역 중소기업이나 소규모 사업자가 맡아 수행하는 사례가 증가하고 있다고 소개하고 있습니다. 지역에 뿌리를 둔 중소기업이 사업을 통해 지역 과제를 해결하고 지역의 활성화를 도모하려는 것이지요. 육아 지원과 돌봄, 오래된 단지의 재생, 중부 산간지역의 이동형 수퍼마켓 등 다양한 아이디어와 실례가 있습니다.

　지역의 중소기업 입장에서는 사회관계자본과 연결된 부분을 중시하지 않고서는 지역에서 살아남을 수 없다는 현실적인 측면도 있을 것입니다. 지역에 뿌리를 둔 중소기업과 소규모 사업자가 사업을 통해 지역의 과제에 대처한다는 것은 어쩌면 본래 마땅히 그러해야 할 모습으로 되돌아가는 것인지도 모르겠습니다.

인간 사회는 단순히 영리만으로는 성립하지 않습니다. 사회성을 항상 의식하지 않으면 경제 시스템 자체가 원활하게 돌아가지 않게 됩니다. 여기서 중요한 키워드는 '사회성', 그리고 '사회적 네트워크'라고 생각합니다. 거기에 일본이 지속 가능한 사회로 거듭나기 위한 실마리와 포스트 전후Post-postwar 일본 사회의 미래가 조금씩 보이는 듯합니다.

다른 영역과의 네트워크

앞에서는 사회성과 사회적 네트워크가 향후 일본 경제와 기업에 중요한 키워드가 될 것이라 말씀드렸습니다. 지금부터는 조금 관점을 바꾸어 각각의 비즈니스 퍼슨에게도 사회성이라는 요소가 왜 여전히 커다란 의미를 갖는지 살펴보도록 하겠습니다.

저는 연구자의 길을 걸어왔기 때문에 원래 조직의 리더가 될 생각은 없었습니다. 2013년에 세이가쿠인대학의 총장을 맡아 짧은 기간이었지만 리더가 얼마나 어려운 자리인지를 통감했습니다. 또한 2016년 1월부터 구마모토

현립극장의 관장 겸 이사장을 맡으면서 지진 이후 나아갈 방향을 모색하는 등 임무의 무게를 실감하고 있습니다.

리더가 된 제가 김대중의 '반 발짝만 앞서가라'는 말 이외에도 중요하게 여기는 것은 바로 네트워크 만들기입니다. 제게 의견을 말해주고 입에 쓴 약을 먹여줄 수 있을 만큼 신뢰할 만한 조직 내 인재를 확보하는 것은 물론, 같은 업종 및 다른 업종에 종사하는 사람들과의 교류 또한 소중하게 여기고 있습니다.

4장에서 언급한 벤저민 프랭클린은 인쇄 사업을 시작하기 전인 스물한 살에 지인들을 불러 모아 매주 금요일 밤에 모이는 전토클럽junto club을 만들었습니다. 이 클럽의 구성원은 12명으로 기본적으로 가입이 제한된 비밀 클럽이었습니다. 각각의 구성원이 순서대로 윤리, 정치, 자연과학에 관한 주제로 문제를 제기하고 의견을 발표하며 토론하거나 새로운 아이디어를 내곤 했습니다. 프랭클린은 이 클럽에서 대학 설립 등 사회 공헌에 관한 아이디어를 토론하고 뒤에 실천적 활동으로 구체화했습니다. 사람은 바뀌었지만 이 모임은 40년 가까이 지속되었습니다.

프랭클린이 그처럼 다재다능한 활약을 보일 수 있었던

것은 이러한 이종 혼합적 모임, 즉 다른 업종에 종사하는 친구들을 묶는 네트워크가 있었기 때문이겠지요. 같은 뜻을 가진 이들의 모임이 아닐지라도 이런 모임은 일상적으로 넓은 시야와 다양한 관점을 갖게 하여 자신의 관심이나 사회에 대한 의견이 편협해지지 않도록 하는 데 도움이 됩니다. 이런 경험을 가진 사람이 조직의 정상에 오른다면 우수한 인재들을 모아 그 지혜를 활용하고 조직을 순조롭게 운영할 수 있을 것입니다.

다른 업종이나 다른 영역에 대해서도 경계를 넘어 지식을 만들어낼 수 있는 사람은 자신의 전문 분야만을 고집하지 않고 한 걸음 더 나아가 다른 분야의 좋은 것을 받아들이려는 마음가짐을 가지고 있습니다. 이른바 학제적인 지식의 존재 방식에 관심을 갖는 것이지요.

비즈니스 퍼슨이라면 자신이 어느 부서에 배치되어 있든 주어진 일만 하면 끝이라는 식으로 생각해서는 안 될 것입니다. 회사 안에서도 함께 배우는 네트워크를 찾아낼 수 있으며, 회사 밖으로는 다른 업종의 친구나 지인으로까지 네트워크를 넓힐 수 있을 것입니다. 다만 이것저것 잘하는 것 없이 건드려놓기만 하는 사태를 피하기 위해서

는 자신의 '근거지'가 어디에 있는지를 분명히 인식하면
서 월경越境하는 것이 중요하다고 생각합니다.

사회와 미션

끝으로 일과 사회라는 관점에서 '미션'에 관해 다시 한
번 살펴보겠습니다. 어떻게 하면 일에서 나의 미션을 찾
을 수 있을지에 관한 문제입니다. 앞으로 일본 사회에서
는 도시인지 지방인지, 혹은 대기업인지 중소기업인지, 이
익을 중시하는 기업인지 아니면 사회관계자본을 중시하
는 기업인지, 일을 우선할지 또는 생활을 우선할지 등 선
택지가 다양해지는 가운데 우리 스스로 일하는 방식을 결
정해야 합니다. 그러니 지금까지보다 훨씬 더 내가 무엇
을 위하여 일하는지를 명확하게 하지 않으면 안 됩니다.

저 역시 분명한 동기 부여 없이 일을 할 때가 있습니다.
하지만 그럴 때는 어딘가 공허한 부분이 남습니다. 정도
의 차이는 있을지라도 스스로 그 일을 미션으로 여기고
수행하고 있다는 동기 부여가 필요한 것이지요.

바로 눈앞의 이익만을 추구할 때는 미션을 찾아내기 어

렵습니다. 실익이나 효율과 직접적인 관계는 없더라도 자신의 흥미와 관심 영역을 넓혀가야 합니다. 이만하면 됐다는 울타리를 만들어버리면 월경하는 지식을 만들어낼 수 없습니다. 항상 지적 호기심을 가져야 합니다. 지적 호기심이 있어야만 자기 나름의 미션을 깨달을 수 있습니다. 아무리 평범한 사람이라도 자기 나름의 동기 부여가 있다면 열심히 일할 수 있고, 그 일의 질적 향상도 기대할 수 있습니다.

여러분은 일을 할 때 실제적인 이익과 상관없는 인간관계를 어느 정도 가지고 있습니까? 이는 눈에 보이지 않는 재산이라 할 수 있습니다. 폭넓고 다양한 인간관계를 가진 사람과 그렇지 않은 사람은 삶의 방식과 일에 대한 태도가 확연히 다를 것입니다. 어떻게 보면 이런 인간관계와 네트워크는 안전망이라고도 할 수 있습니다. 정신적으로 안심할 수 있게 하고, 자신감도 얻을 수 있으며, 일을 하다가 막다른 골목에 들어선 것처럼 막막해질 때 조언을 얻거나 다른 일을 소개받을 수도 있습니다.

덧붙이자면 사회 안에 튼튼한 뿌리를 내리고 있는 사람은 사회의 변화와 요구에 민감해지며 무엇보다 사회와 나의 관계를 강하게 의식하게 됩니다. 내 강점과 내가 사회를 위해 무엇을 할 수 있는지를 깊이 생각하게 되겠지요.

아직 취업하지 않은 대학생이라면 여러 가지 일을 해보기를 권합니다. 오늘날의 대학은 목표 달성에 초점을 맞춘 커리큘럼 안에서 필수 과목과 최저 이수 학점 등이 세세하게 짜여 있습니다. 하지만 그 꽉 짜인 세계의 바깥은 사회적인 영역으로 가득 차 있습니다. 그런 부분에 적극적으로 참여해보는 것이 중요하다고 생각합니다.

예를 들어 2016년 중의원선거부터 18세 이상에게 선거권이 부여되었습니다. 고등학생이라면 공부에 방해가 되니까 가능한 한 그런 일에 눈을 돌리지 않는 것이 좋다고 생각하는 사람도 있을 것입니다. 또 대학생은 수업이나 아르바이트로 바빠서 선거에 대해 생각할 여유가 없다고 생각하는 사람도 있습니다. 하지만 그렇게 관심의 대상을 좁히지 말고, 적극적으로 밖으로 눈을 돌려보는 것은 어떨까요? 정치 동향에 민감하게 반응하고 폭넓은 사회 관계를 맺는 것이 곧 각성과 깨달음으로 이어지기 때문입니다. 저는 대학의 궁극적인 역할이 바로 이런 것이 아닐까 합니다.

각성과 깨달음이란 사물을 보는 시각이 달라진다는 뜻입니다. 이를 앞에서 소개한 말로 바꾸자면 복안의 시점, 즉 다양한 관점을 갖는 것입니다. 많은 경우 이는 타자와의 만남을 통해 이루어집니다. 책이나 역사상의 인물도 타자의 범주에 들어갑니다. 타자와 만난다는 것은 이제까지와는 다른 사회적 관계가 생긴다는 뜻이기도 합니다. 그래서 나의 미션이 무엇인지를 아는 데 도움이 됩니다.

이는 대학생뿐만 아니라 모든 세대에 적용되는 이야기입니다. 사물을 보는 방식이 달라지거나 복안의 시점을 통해 자신이 지금까지 받아들이지 못했던 시각이 존재함을 인정하는 것은 곧 '자신의 복수성을 자각'하는 것입니다. '나'라는 인격은 하나이며 사고방식도 하나밖에 없다는 생각에서 벗어나, 자기도 모르는 사이에 스스로의 다른 면모를 깨닫고 또 다른 사고방식이 있음을 알게 되는 것입니다. 결국 타자와 사회와의 만남은 내가 몰랐던 나와의 만남이라고 할 수 있습니다. 그것을 알게 되었을 때 다양성의 참된 의미를 깨달을 수 있습니다. 다양성이란 나의 외부에 다른 사람이 있고 다른 시각이 있어서 그것들이 각자 나름대로 공존하며, 동시에 내가 변하는 것을 뜻합니다. 이러한 경험을 통해 나의 역할을 깨닫고 미션을 찾을 수 있습니다.

　대학을 졸업한 후에도 새로운 배움의 계기, 각성과 깨달음의 계기를 얻는 데 도움이 되는 것이 바로 지금까지 살펴본 독서와 인문 지식입니다. 험난한 시대, 변화의 시대이기에 더더욱 우리는 옛 선인의 예지를 빌려 다양한 관점을 갖도록 애쓰고, 구상력의 원천으로 삼아 자신의 길잡이로 활용해야 할 것입니다. 역경의 시대이기는 하나 필요 이상으로 비관적일 필요는 없습니다. 자신만의 미션을 찾아 긍정적으로 살아가시기를 바랍니다.

옮긴이의 말

이 책의 원제는 '역경으로부터의 시고토학逆境からの仕
事学'이다. '시고토학'이란 다양한 분야에서 활약하는 이
들의 '시고토仕事', 즉 일에 대한 철학을 조명하는 TV 프로
그램 〈시고토학을 권함仕事学のすすめ〉(NHK 교육 채널, 2010
년 4월~2013년 3월 방송)을 계기로 쓰이게 된 신조어이다. 이
책은 저자 강상중이 이 프로그램에 출연하여 풀어낸 이
야기, 즉 '자이니치 2세'라는 삶의 경험을 기초로 한 '인생
철학으로서의 시고토론仕事論'을 바탕으로 출판되었다.

그렇다면 '시고토학' 혹은 저자의 '시고토론'에는 어떤
특징이 있을까? 물론 '시고토학'이나 '시고토론'이라는
학문 분야가 실제로 존재하는 것은 아니다. 하지만 이 말
이 일본 사회에서 쉽게 받아들여진 배경에는 경영론이나

처세술 같은 수많은 문화 콘텐츠가 다루지 않았던 어떤 근본적인 질문, 즉 일이란 무엇인가를 보다 심도 있게 고민해야 할 필요성을 절감하는 이들이 늘고 있다는 공통된 인식이 있다.

일본어의 '시고토'는 우리말의 '일'보다 쓰임이 한정적이다. 다시 말해서 삶 속에서 만나고 처리해야 할 모든 일이라기보다는 '바깥일'이라는 뉘앙스가 강하다. 예컨대 일본에서는 직업란에는 '주부主婦'라고 쓸 수 있지만, "당신의 시고토는 무엇입니까?"라는 질문에 "주부입니다"라고 대답하면 어딘가 어색하게 느껴진다. 이런 경우에는 "지금은 시고토가 없습니다", "아이가 더 크면 찾아보려고요" 같은 대답이 일반적이다. 그래서 '시고토학'이라 하면 누구든 '바깥일', 즉 공적 영역에서의 일에 대한 이야기를 기대하기 마련이다.

이런 측면에서 보면, 저자의 접근은 신선하다. 결코 '바깥일을 하러 집을 나가라'고 하지 않는다. 대신 일을 통해 사회라는 공공의 장으로 '들어가라'고 권한다. '나가라'가 아니라 '들어가라'라는 표현을 통해 저자는 공적 영역의 '시고토' 밖에 훨씬 더 넓고 다양한 가능성을 품은 일과 삶의 영역이 펼쳐져 있음을 시사한다. 폭넓게 배우고 더 큰 기회를 얻기 위해 먼저 사회로 들어가라고, 그리고 다양한 사람들과 관계를 맺으며 '나'를 새롭게 발견하라고 말한다.

또한 저자는 지금껏 공적 영역에서 '시고토'로 간주되지 않던 돌봄 노동을 사회관계자본이라는 형태로 사회 안으로 끌어들이면서 거기서 '미래의 일하는 방식'을 읽어낸다. 이처럼 우리 삶을 양분하고 있는 '공적 영역'과 '사적 영역'이라는 전통적인 그림의 안팎을 전도시키며 인생 전체를 큰 틀에서 아우르고 있기에, 이 책이 제기하는 일에 대한 물음은 진정성을 갖는다.

이와 같은 입체적인 시선은 저자가 흔한 '성공 신화'의 주인공이 아니라 살아남기 위해 '주류 일본 사회'에 진입해야 했던 민족적 마이너리티이기 때문에 가능했던 것 같다. 자이니치 1세의 대부분이 지역 생활권 안에서 다른 자이니치들과의 네트워크를 통해 생계를 꾸려온 데 반해, 저자와 같이 일본에서 나고 자란 2세들은 부모 세대와는 또 다른 입장에서 차별과 편견으로 가득한 '사회'로의 진입을 꿈꾸어야 했다. 저자는 같은 세대에 속하는 '일본인'

남자라면 고민하지 않았을 자기 정체성과 일, 삶의 방식에 관한 근본적인 물음을 평생 부여잡고 살아야 했으니, 어떻게 보면 그가 가진 '성공의 비결'이란 결국 삶의 역경과 고난이 남긴 상처의 다른 이름인지도 모르겠다.

언젠가 저자는 '일본인의 자이니치화在日化'라는 말을 한 적이 있다. 이는 오늘날 일본 국민이 1970년대의 자이니치 2세들이나 했을 법한 고민에 직면하게 되었다는 뜻이다. 그리고 보면 '성공한' 자이니치의 이야기가 국영 방송에서 다루어졌다는 사실 자체가 '시대의 어려움'에 대한 방증이 아닐까? 재일 한국인 문제를 보다 보편적인 지평에서 파악하려 해온 저자의 연구와 저술의 연장선상에서 볼 때 이 책은 '자이니치의 역경'이 일본인, 나아가 신자유주의 시대 전 세계 젊은이들이 공통적으로 마주한 '역경'과 조우하는 장면으로도 읽힐 수 있다.

'역경으로부터의'라는 말이 깊은 여운을 남기는 까닭은 차별과 소외로 고민하던 '자이니치'의 성공담과 지혜에 이제 일본 국민이 귀를 기울이게 되었다는 쓸쓸한 역사적 아이러니와 함께 아직까지도 완전한 시민권을 보장받지 못하는 재일 한국인들의 모습이 떠오르기 때문이리

라. 뿐만 아니라 개인의 성공 신화만을 붙들고 노력을 강조하며 '요즘 아이들의 나약함'을 못마땅해 하는 차가운 시선과, 계급이나 성별로 운명 지워진 '출발점'의 한계를 결코 넘어서지 못하리라는 '수저론' 사이에서 가쁜 숨을 쉬는 우리 젊은이들의 모습도 함께 떠오른다.

그럼에도 불구하고 우리가 이 시대를 살아내야 한다면, 다른 누군가가 아닌 '나'로서 '나의 삶'을 살고자 한다면 이 책이 제기하는 '나의 일'에 관한 진지한 물음을 결코 피해갈 수 없을 것이다. 강상중은 자신의 남다른 경험에서 길어 올린, 그러나 누구나 겪을 보편적인 고민을 하나하나 꺼내 보여주며 자신의 일과 삶을 똑바로 바라볼 것을 권하고 있다. 저자가 권하는 책을 함께 읽으며 삶의 근본적인 물음을 고민하다 보면, 분명 자기만의 특별한 아이디어가 머릿속 한가득 떠오르는 유쾌한 경험을 할 수 있을 것이다. 바로 내가 그랬던 것처럼.

나를 지키며 일하는 법

2017년 9월 1일 1판 1쇄
2024년 6월 30일 1판 8쇄

지은이 강상중 **옮긴이** 노수경

편집 이진·이창연 **표지 디자인** 스튜디오 헤이,덕 **본문 디자인** 백창훈
제작 박흥기 **마케팅** 이병규·김수진·강효원 **홍보** 조민희

인쇄 천일문화사 **제책** J&D바인텍

펴낸이 강맑실 **펴낸곳** (주)사계절출판사
등록 제406-2003-034호 **주소** (우)10881 경기도 파주시 회동길 252
전화 031)955-8588, 8558 **전송** 마케팅부 031)955-8595 편집부 031)955-8596
홈페이지 www.sakyejul.net **전자우편** skj@sakyejul.com
블로그 skjmail.blog.me **페이스북** facebook.com/sakyejul
트위터 twitter.com/sakyejul

값은 뒤표지에 적혀 있습니다. 잘못 만든 책은 서점에서 바꾸어 드립니다.

사계절출판사는 성장의 의미를 생각합니다.
사계절출판사는 독자 여러분의 의견에 늘 귀기울이고 있습니다.

ISBN 979-11-6094-303-0 03300